XMC 小马车图书 考霸笔记系列丛书

U0660146

初 | 中 | 物 | 理

基础知识及考点突破

小马车丛书编委会 编

地质出版社

· 北 京 ·

图书在版编目（CIP）数据

初中物理基础知识及考点突破/小马车丛书编委会

编. —北京：地质出版社，2020.11

（考霸笔记系列丛书）

ISBN 978-7-116-12255-0

Ⅰ.①初… Ⅱ.①小… Ⅲ.①中学物理课-初中-升

学参考资料 Ⅳ.①G634.73

中国版本图书馆 CIP 数据核字（2020）第 176662 号

初中物理基础知识及考点突破

CHUZHONG WULI JICHU ZHISHI JI KAODIAN TUPO

责任编辑：周苏琴 田 丽

责任校对：李 玫

出版发行：地质出版社

社址邮编：北京市海淀区学院路 31 号，100083

咨询电话：（010）66554600（编辑室）

网 址：http://www.gph.com.cn

传 真：（010）66554601

印 刷：保定市铭泰达印刷有限公司

开 本：640mm×920mm 1/32

印 张：8

版 次：2020 年 11 月第 1 版

印 次：2020 年 11 月第 1 次印刷

定 价：42.00 元

书 号：ISBN 978-7-116-12255-0

目录

专题一　长度和时间的测量

核心考点 **1**　长度的测量

1.长度的单位

(1)国际单位:米(m)。

(2)常用单位:千米(km)、分米(dm)、厘米(cm)、毫米(mm)、微米(μm)、纳米(nm)等。

(3)常用单位与国际单位的换算:

$1\ km = 1000\ m = 10^{3}\ m$

$1\ dm = 0.1\ m = 10^{-1}\ m$

$1\ cm = 0.01\ m = 10^{-2}\ m$

$1\ mm = 0.001\ m = 10^{-3}\ m$

$1\ \mu m = 0.000\ 001\ m = 10^{-6}\ m$

$1\ nm = 0.000\ 000\ 001\ m = 10^{-9}\ m$

考霸笔记

1983 年国际计量大会做出规定:光在真空中 $\dfrac{1}{299\ 792\ 458}$ s 内所经路程的长度为 1 m。

游标卡尺的使用

测量工件宽度　　　测量工件外径

测量工件内径　　　测量工件深度

　　游标卡尺使用时不论多少分度都不要估读。例如:20分度的游标卡尺,读数的末位数一定是0或5;50分度的游标卡尺,读数的末位数字一定是偶数。

2.长度的测量

　　(1)测量工具:测量长度的工具有刻度尺、卷尺、游标卡尺、螺旋测微器等,常用的工具为刻度尺。

　　(2)刻度尺的使用:

刻度尺的使用	认	①观察刻度尺零刻度是否损坏,若损坏,可另找起点;②观察量程(测量范围)、分度值(精确程度)
	放	刻度尺标有刻度线的一边紧靠被测物体,且与被测边平行,不使用磨损的零刻度线
	看	读数时视线要正对刻度线
	读	在精确测量时,要估读到分度值的下一位
	记	记录的结果要有数值和单位,只有数值而没有单位的结果是没有意义的
	算	①多次测量取平均值,会更接近真实值,减小误差;②平均值的位数要求与测量数据位数一致,并非越多越精确,处理方法是四舍五入

（3）刻度尺的使用规则与要求：

使用前	使用前	使用前做到"三看"（如图）：①看刻度尺的零刻度线在哪里,是否磨损,如已磨损应从其他刻度量起；②看刻度尺量程(测量范围),原则上测长度要求一次测量,如果测量范围小于实际长度,势必要移动刻度尺测量若干次,这样会产生较大的误差；③看刻度尺的分度值,分度值反映了刻度尺的准确程度和测量结果的有效性,量程和分度值应从实际测量的要求出发兼顾选择
		量程(30cm) 0　　　10　　　20　　　30 cm 零刻度线　　分度值(1cm)　　数字单位(cm)
使用时	会选	选择合适的刻度尺。不同的刻度尺其精确程度不同,也就是分度值不同。测量对象不同,所需的精确程度也不同。例如:在测量门窗玻璃时,其精确程度要求较高,要选用分度值为 1 mm 的刻度尺；而测量教室的长和宽时,精确程度要求不高,长度较大,选用分度值是 1 cm 且量程较大的卷尺较合适

考霸笔记

判断刻度尺分度值的方法——对位法

　　对位法是根据测量值所带的单位,将测量值的每个数位与长度单位一一对应。其步骤如下:①先看所给测量结果的"标称单位";②再从小数点的前一位开始,由标称单位逐级缩小单位,并同时在各个数位上标出对应的单位,直到小数点后的倒数第二位为止;③最后看标出的最后一级的单位(即倒数第二位数字所对应的单位)是什么,此刻度尺的分度值就是什么。

续表

例如,测量结果为 4.36 m,刻度尺分度值的判断方法如下:①"标称单位"为 m;②在各数位上标出单位,即 4 m(小数点前一位)、3 dm(小数点后的倒数第二位);③确定分度值为 1 dm。

使用时	会放	如图所示,尺要沿着所测的长度,不使用磨损的零刻度线。所谓"沿着",一是指放正不歪斜;二是指要尽可能地贴近被测长度,零刻度线磨损的应以某一刻度为零点,读数时要注意减去"零点"前的数字 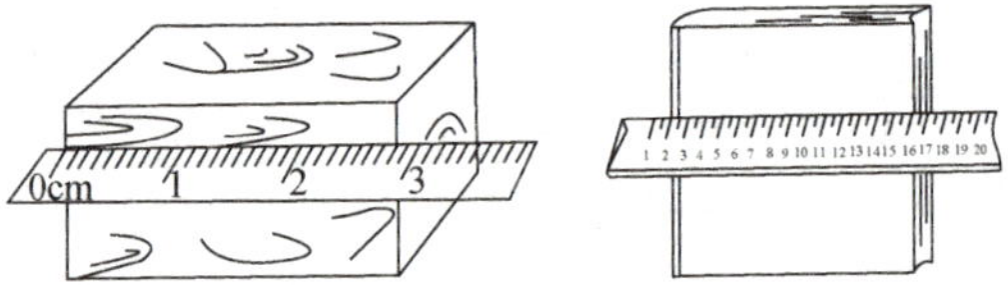
	会看	如图,读数时,视线要与尺面垂直,不要斜视 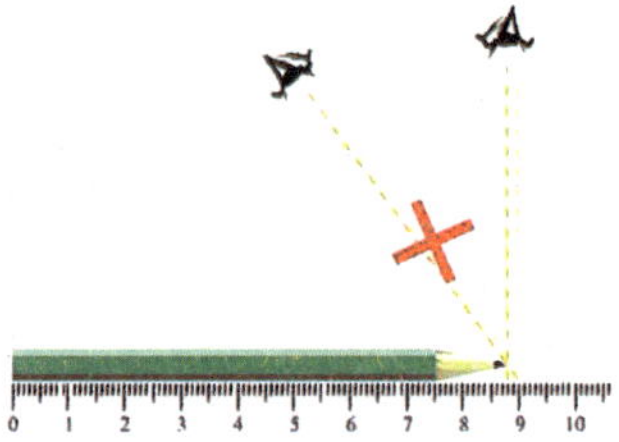
使用后	会读	精确的测量需要估读,在读数时,除准确读出分度值的数字(准确值)外,还要估读到分度值的下一位(估计值)。例如,25.38 cm 中 25.3 cm 是准确值,0.08 cm 是估计值,它虽然是估读的并不准确,但它对我们还是有用的,它表示该物体的长度在 25.3~25.4 cm 之间且更接近 25.4 cm
	会记	记录测量结果时,除了正确无误地记下所读出的数字外,还要注上单位,只写了数字未标明单位的记录是没有意义的

（4）特殊长度的测量方法：

目测法	在生产劳动和日常生活中，人们对 1 m、1 dm、1 cm 等长度单位形成了较清晰、深刻的印象，通常把被测物体的长度和已知长度单位进行比较，用眼睛估计两者的倍数就能得到目测值。此方法快捷、方便，但误差较大，如木匠师傅估测木条长度，车工估计工件厚度等
手测法	人们常用"拃"和"指"作为长度的单位。"拃"：张开的大拇指和中指两端间的距离。指：一个手指头的宽度。人们常常有意识地测出自己一拃或一指的长度，在生活实践中用来迅速估测物体的长度
步测法	步：正常步行时两足尖的距离。在日常生活中，人们可以测出自己正常行走时步的长度，用来估测家到学校、工厂等地的距离
平移法	物体表面凹凸不平或几何体不规则时，我们可以采用平移的方法来测物体的长度。例如，下图展示的是测量乒乓球直径的方法。生活中测量身高也是用同样的办法

考霸笔记

一些有趣的长度和距离

珠穆朗玛峰海拔高度	8844.43 m
人头发直径	约 7×10^{-5} m
地球半径	6.4×10^6 m
一张纸的厚度	约 10^{-4} m
太阳半径	7×10^8 m
我国铁道标准轨距	1.435 m
银河系半径	7.6×10^{20} m

转化法	刻度尺是直的,对于某一刻度尺,它的分度值和量程是确定的,如果直接用来测量一些特殊物体的长度,可能会受到一定的限制,人们可以用转化法,间接测物体的长度
	(1)化曲为直:测下图所示曲线的长度时,可以小心地让细线与曲线重合,再将细线拉直,用直尺直接测量细线的长度,就得出曲线的长度
	(2)化直为曲:用已知周长的滚轮在较长的线段(如操场跑道、某段道路等)上滚动,用滚轮的周长乘以圈数得出线段长度
	(3)化整为零:把被测物体分成若干等份(如一根细线、一段铁丝等),使每一份的长度在刻度尺的测量范围之内,测出其中一份的长可算出全长(农村中丈量田地常用此法)
	(4)集小成大:把 n 段相同长度的物体叠合,使叠合后的总长度比刻度尺的分度值大得多,测出总长度除以 n,可以算出物体的长度。测纸张厚度、硬币的厚度、铜丝直径等常用此法

续表

转化法	(5)化暗为明:有些待测物体,不是明显地露在外面,而是隐含在物体的内部,刻度尺不能直接测量,如玻璃管的内径、工件的裂缝等。如下图所示,可以选择大小合适的钢针插入孔内,在管口处给钢针做上记号,然后再测钢针记号处的直径即可(常用千分尺测量) 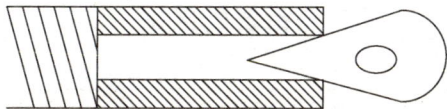

核心考点 2 时间的测量

1.时间单位

(1)国际单位:秒(s)。

(2)常用单位:小时(h)、分(min)。

(3)常用单位与国际单位的换算:

1 h＝60 min＝3600 s

1 min＝60 s

考霸笔记

1967 年的国际计量大会规定,铯 133 原子振动 9 192 631 770 次所需的时间定义为 1 s。

铯原子钟的精确度非常高,大约每百万年只有 1 s 的误差。

在古代,人们常用的计时工具有日晷、焚香、沙漏、水钟等。

日晷

水钟

2.测量工具

测量时间的工具有停表、机械钟、石英钟等,停表能方便地启动和停止,在实验室中常用来测量时间间隔。

核心考点 **3** 误差与错误的区别

	测量误差	测量错误
产生原因	(1)跟测量工具的精确程度有关 (2)跟测量人读取估计值不同有关	(1)不遵守测量仪器的使用规则 (2)读取、记录结果时粗心
减小或避免的方法	不能消除误差,但应尽量减小误差,可采用的方法有: (1)采用精度更高的测量工具 (2)运用更合理的测量方法 (3)采用多次测量求平均值的方法	采用正确的测量方法,就可以避免测量错误

专题二　运动的描述

核心考点 **1** 机械运动

1.定义

我们把物体位置随时间的变化(一个物体相对于另一个物体位置的变化)叫做机械运动。

2.分类

(1)直线运动:①匀速直线运动——运动的方向和快慢均不变的运动;②变速直线运动——运动的方向不变,但快慢改变的运动。

(2)曲线运动:运动的方向在改变,路径是曲线的运动。

考霸笔记

运动是宇宙中最普遍的现象,除了机械运动,还存在其他多种运动形式,如微观世界分子、原子的运动,电磁运动,生命运动等。

考霸笔记

不要把地面当地球

以地球为参照物,实际上是以地心为参照物。以地心为参照物,就是假定地心是不动的,也可以想象观察者是在地心处。以地面为参照物,就是假定地球表面的某一点(不是整个地球表面)是静止不动的,也可以认为观察地点是地球表面的那一点。地面是绕着地球的自转轴做圆周运动的,所以,选择地面还是地球作参照物,对同一物体的运动描述会出现不一样的情况。

核心考点 2   参照物

1.定义

物理学中,为了研究一个物体的运动情况,事先选定另一个物体作为标准,这个被选为标准的物体叫做参照物。

说明:

(1)参照物的选取原则上是任意的,可以是静止的,可以是运动的,但一般不选自身为参照物,研究地面上的物体时,通常选取地面或相对于地面静止的物体作为参照物。

(2)参照物通常指一个具体的物体,它一旦被选为标准,就假定为不动,再看被研究的物体与其位置是否发生变化。

2.运动和静止

(1)物体的运动和静止是相对的。

(2)如果选取的参照物不同,描述物体的运动情况也可能不同。例如,你坐在教室中,若选取脚下的地面为参照物,则你是静止的,因为你相对于地面的位置没有发生改变;若选取走动的老师为参照物,则假定老师是静止的,而你相对于老师的位置发生了改变,则你是运动的。

核心考点 3　运动快慢的描述——速度

1.比较物体运动快慢的三种方法

事例	依据	方法
同学们在田径运动会上进行百米赛跑,谁先到达终点,谁就是冠军	通过相同的路程,比较所用时间的长短,所用时间短的跑得快	通过相同路程,比较所用时间的长短
乌龟和小白兔从同一地点起跑,谁跑在前面,谁就跑得快	相同时间内,比较通过路程的长短,跑在前面的动物通过的路程长,跑得快	经过相同时间,比较通过路程的长短
运动员甲百米跑用了14 s,运动员乙万米跑的成绩是28 min,运动员甲跑得快	运动员甲百米跑1 s内通过的路程$\frac{100}{14}$ m≈7.14 m;运动员乙万米跑1 s内通过的路程$\frac{10\ 000}{1\ 680}$ m≈5.95 m,7.14>5.95,所以运动员甲跑得快	比较单位时间内通过路程的长短

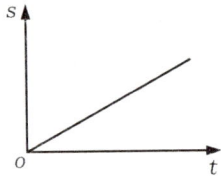

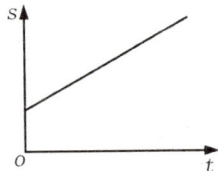

匀速直线运动路程—时间图象

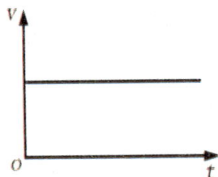

匀速直线运动速度—时间图象

2.速度

(1)定义：

在物理学中,把路程与时间之比叫做速度。

(2)物理意义：

速度是表示物体运动快慢的物理量,在数值上等于物体在单位时间内通过的路程,这个数值越大,表明物体运动得越快;数值越小,表明物体运动得越慢。

(3)公式：

$v = \dfrac{s}{t}$,其中,v 表示速度,s 表示路程,t 表示时间。

(4)单位：

1)国际单位是米每秒,符号是 m/s 或 m·s^{-1}。

2)在日常生活和交通运输中通常用千米每小时,符号是 km/h 或 km·h^{-1}。

3)两单位的关系:1 m/s＝3.6 km/h。

(5)平均速度：

平均速度表示运动物体在某一段路程内(或某一段时间内)的平均快慢

程度。公式：$\bar{v} = \dfrac{s}{t}$。

注意：①速度是针对匀速直线运动而言的,在匀速直线运动中,速度等于平均速度;平均速度是针对变速直线运动而言的,只能大体上反映物体的运动情况。②平均速度不是速度的算术平均值,全程的平均速度也不是各段平均速度的算术平均值。

(6)速度的测量：

1)直接测量:汽车、火车、轮船、飞机上都安装有速度仪,可直接测量物体运动时的速度;利用超声波测速仪可直接测量速度;利用光电计时器可测量速度。

2)实验测算:先测量出物体运动所经过的路程 s 和所用的时间 t,然后利用公式 $v = \dfrac{s}{t}$ 计算物体运动的速度 v。

考霸笔记

常见物体的速度

物体	速度/($m \cdot s^{-1}$)
蜗牛	约1.5×10^{-3}
上海磁浮列车	可达120
人(步行)	约1.1
喷气式客机	约250
自行车	约5
超音速歼击机	约700
高速公路上的小轿车	约33
子弹(出膛时)	约1 000
雨燕	可达48
同步卫星	3 070
声音在空气中(15℃)	340
光在真空或空气中	3×10^8

常见标志牌的含义

"40"表示限速 40 km/h,即车辆通过此路段最高时速为 40 km/h

"8 km"表示此处距离西大路还有 8 km 的路程

专题三　声音

（1）"振动停止，发声停止"不能叙述为"振动停止，声音消失"，因为振动停止，只是不再发声，而原来发出的声音仍存在并继续传播。

（2）探究发声的物体是否在振动，常采用转换放大法，即将不易直接观察到的微小现象，通过某种方式把它形象、直观地呈现出来。例如，振动的音叉会使小球多次弹开。

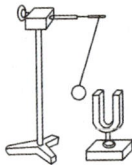

核心考点 1　声音的产生和传播

1.声音的产生

（1）声音是由物体振动产生的，振动停止，发声也停止。

（2）正在发声的物体叫做声源。

（3）一切气体、固体、液体都可以振动发出声音。

（4）不同发声体的发声部位一般不同。

例如：①钢琴靠琴弦的振动发声；②笛子靠空气柱振动发声；③人靠声带振动发声；④蝉靠腹部的两片鼓膜振动发声；⑤鸟靠鸣膜振动发声；⑥蟋蟀靠翅膀相互摩擦发声；⑦蜜蜂、蚊子、苍蝇在飞行时才有声音，是因为它们是以翅膀的振动发声的。

2.声音的传播

(1)声波:声音的振动通过介质(物质)以波的形式传播,将其称为声波。

(2)介质:能够传播声音的物质,可以是气体、固体,也可以是液体。

(3)声速:声音在介质中的传播速度。

(4)传播规律:

1)声音的传播需要介质,真空不能传播声音。

2)声速的大小与介质的种类、状态和温度有关,介质不同,声速也不同。一般情况下,声音在固体中传播最快、液体中次之、在气体中传播最慢。

3)声音的传播距离可用公式 $s = vt$ 来计算,其中 s 表示声音传播的距离,v 表示声音在某种介质中的传播速度,t 表示声音在该介质中的传播时间。15 ℃时,声音在空气中的传播速度为 340 m/s。

考霸笔记

水波	声波
水波是通过水这种介质一圈一圈向外传播	声波是以疏密相间的空气作为介质向外传播

说明:声波与水波都属于机械波,都能够传递能量,它们具有相似的性质,此种研究物理问题的方法称为类比法

3.探究声音的传播

过程	现象	声音传播的途径	结论
首先,把手机放在桌上,拨通手机	能听到手机铃声	铃声→空气→耳朵	声音能在空气(气体)中传播
找一个密封良好的玻璃瓶子,把手机放进去,拧紧盖子,拨通手机	能听到手机铃声	铃声→空气→玻璃→空气→耳朵	声音能在玻璃(固体)中传播
把上一个实验中的瓶子做好防水准备,然后把瓶子放到装满水的桶里,再拨通手机	能听到手机铃声	铃声→空气→玻璃→水→空气→耳朵	声音能在水(液体)中传播
把手机放进一个玻璃罩内,拨通手机,然后逐渐将玻璃罩内的空气抽出来	听到的铃声越来越小,最后听不到铃声了	声源与人耳间是真空时,声音传播不到人耳	声音在真空中不能传播

考霸笔记

声音在人体中还有另外一种传播途径,称为"骨传导"。声音直接通过头骨、颌骨传入听觉神经,从而引起听觉。

4.一些介质中的声速

介质	声速/(m·s⁻¹)	介质	声速/(m·s⁻¹)
空气(0℃)	331	海水(25℃)	1 531
空气(15℃)	340	冰	3 230
空气(25℃)	346	铜(棒)	3 750
软木	500	大理石	3 810
煤油(25℃)	1 324	铝(棒)	5 000
水(常温)	1 500	铁(棒)	5 200

特别提示:

从表格中数据可以看出,声音的传播速度不仅与介质的种类有关,还与介质的温度与状态有关

核心考点 2　声音的三个特性

考霸笔记

向暖水壶中灌水,能引起水壶中空气柱的振动而发声。水未满时,空气柱较长,振动频率低,音调低;随着水面的升高,空气柱逐渐变短,振动频率逐渐变高,音调逐渐变高。因此,通过听灌水时发出的声音可判断水是否灌满:若声音音调较低,则表示还未灌满;若声音音调很高,则表示水即将灌满。

1.声音的三个特性

音调	定义	人们感觉到的声音的高低叫做音调
	决定因素	物体在每秒内振动的次数叫频率,频率反映物体振动的快慢,物体振动越快,频率越高。音调跟发声体的频率有关,频率越高,音调越高;频率越低,音调越低
	拓展	(1)大多数人能感受到的声音频率范围是 20~20 000 Hz (2)国际标准音调的频率是 440 Hz (3)人的发声频率范围是 85~1 100 Hz (4)一般说来,儿童说话的音调比成人高,女人说话的音调比男人高
响度	定义	声音的强弱叫做响度
	决定因素	物体振动的幅度叫振幅。响度的大小与发声体的振幅有关,振幅越大,响度越大;振幅越小,响度越小。响度还跟人耳距发声体的远近有关,离声源越远,响度越小;离声源越近,响度越大

续表

| 音色 | 不同物体发出的声音,即使音调和响度相同,还是能够分辨它们,其依据就是音色。发声体的材料不同,结构不同,发出声音的音色也就不同 |

2.探究影响发声体振动频率的因素

提出问题	发声体振动的快慢与哪些因素有关
猜想和假设	根据吉他、二胡、竹笛等乐器,可猜想发声体振动的频率与发声体的长短、粗细、松紧有关
进行实验	探究发声体振动的频率与长短的关系: 如下图所示,将一把钢尺夹在桌子抽屉里,一端伸出桌边。多次改变钢尺伸出的长度,然后拨动钢尺,注意使钢尺每次的振动幅度大致相同,观察钢尺振动的快慢,听钢尺发出的声音 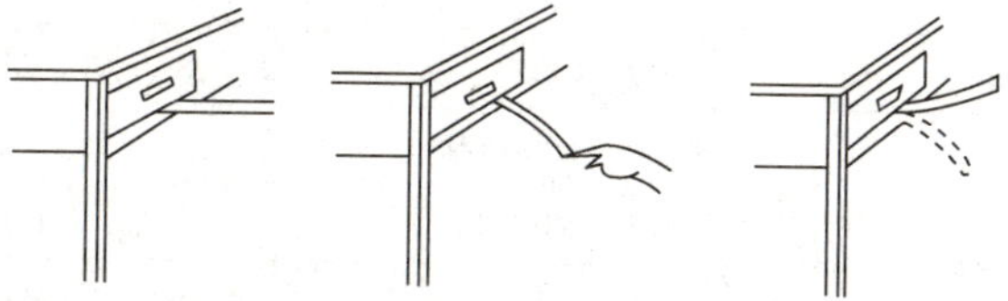
观察现象	钢尺越短时,钢尺振动得越快,发出声音的音调越高

续表

归纳总结	比较几次钢尺振动的快慢和发声的音调,可以得出:钢尺越短,发出声音的音调越高。音调的高低与发声体振动的快慢有关,振动越快,音调就越高
应用说明	发声体振动的快慢(音调的高低)与发声体的形状(长短、粗细)、松紧(一般指弦)和所用材料等多种因素有关。我国古代早就有"大弦小声,小弦大声"的记载,即弦越短、越细、张得越紧,它振动时发出声音的音调就越高;反之越低。我国曾出土了一套战国时期铸造的编钟,由 65 个大小不同的青铜钟组成,大的钟音调低沉,小的钟音调高亢

3.人和一些动物的发声和听觉的频率范围

人和动物	发声频率范围/Hz	听觉频率范围/Hz
人	85~1 100	20~20 000
狗	452~1 800	15~50 000
猫	760~1 500	60~65 000
蝙蝠	10 000~120 000	1 000~120 000
海豚	7 000~120 000	150~150 000
大象	14~24	1~20 000

专题四 声音的利用、噪声的危害及控制

核心考点 **1** 声音的利用

1.声与信息

（1）回声的定义：

声音在传播过程中遇到大的障碍物时，将在界面发生反射，人们把能够与原声区分开的反射声波叫做回声。

（2）辨别回声的条件：

声音被山崖或高墙反射回来就形成了回声。回声比原声到达人耳的时间晚 0.1 秒以上，人耳就能将回声与原声区分开；不足 0.1 秒时，回声与原声就会混在一起，无法区分，使原声加强。

（3）回声的利用：

利用回声可以测定速度和传播距离，例如利用声呐探测水下目标及鱼群的

考霸笔记

蝙蝠利用回声定位。蝙蝠在飞行时会发出超声波，这些超声波碰到墙壁或昆虫时会反射回来，根据回声到来的方位和时间，蝙蝠可以确定目标的位置。利用回声定位原理，人们制成超声导盲仪帮助盲人出行；制成倒车雷达帮助汽车出行；等等。

距离,即回声测距。

(4)声音传递信息在不同领域的应用:

领域	应用
医学	(1)中医诊病通过"望、闻、问、切"四个途径,其中的闻有听的意思,这是利用声音传递的信息来诊断病情 (2)利用 B 型超声波诊断仪检查人的健康状况
工业	利用超声波透射法对产品进行无损测控。超声波穿过密度不均匀的物质时,会反射不同的信息,这样我们就可以鉴别、检测产品的合格程度
军事	声呐——利用回声定位的原理测量海洋的深度、海底的地形特征
气象	利用台风产生的次声波判断台风的风向和位置
地质	利用地震产生的次声波确定地震的强度和位置

2.声与能量

声作为一种波,既可以传递信息,又可以传递能量。人们把高于 20 000 Hz 的声叫做超声波,把低于 20 Hz 的声叫做次声波。次声波的传播距离很远。超声波产生的振动比可闻声更强烈。利用超声波的这些特性,可将超声波利用在如下领域:

考霸笔记

区分声传递的是信息还是能量的方法

凡是声能引起其他物体变化的,声传递的是能量;声未能引起其他物体的变化,而人们可以根据声做出判断的,声传递的是信息。

领域	应用
医学	外科医生利用超声波振动粉碎人体内的结石
工业	(1)利用超声波对钢铁、陶瓷、宝石、金刚石等坚硬物体进行钻孔和切削加工,这种加工的精度和光洁度很高 (2)利用超声波清洗钟表等精细的机械 (3)超声波除尘:在冒黑烟的烟囱里放一个超声波除尘器,除尘器发出的超声波频率很高,当超声波发射到烟囱中时,烟尘随着它振动而剧烈振荡,短时间内,烟尘相互碰撞,凝聚成较大的颗粒而沉到烟囱底部以达到除尘的目的
日常生活	利用超声波洗牙、除蚊蝇等

核心考点 2　噪声的危害及控制

1.噪声的来源与危害

界定	从物理学角度	噪声是由发声体做无规则振动时发出的声音
	从环境保护角度	凡是妨碍人们正常休息、学习和工作的声音,以及对人们要听的声音产生干扰作用的声音,都属于噪声

考霸笔记

由于噪声严重影响人们的工作和生活,因此人们把噪声叫做"隐形杀手"。现代的城市把控制噪声列为环境保护的重要项目之一。

禁止鸣笛

续表

来源	(1)自然界产生的噪声:主要来源于暴风雨、海啸、雷鸣、地震、火山爆发等 (2)生活中的噪声:公共场所人群发出的喧哗声、人们发出的与周围环境不协调的声音(说话声、收音机声音、乐器声音等),影响了旁人的正常生活、学习、工作 (3)电磁噪声:电风扇、电冰箱、日光灯等用电器在工作时发出的声音 (4)交通噪声:主要来源于汽车、火车、飞机、轮船等交通工具在运行时发出的声音 (5)工业噪声:工厂的各种机器、设备在工作时发出的声音 (6)施工噪声:建筑工地在施工时,工地上的各种运转的机械设备以及工人在使用铁锹、锤子等简单劳动工具时发出的声音
危害	不太强的噪声,如喧哗声、比较吵的街道上的杂音,使人感到厌烦、注意力分散,影响工作,妨碍休息;比较强的噪声,如织布机、铆钉机、电锯的声音,使人感到刺耳、难受,时间久了会引起噪声性耳聋,还会引起心血管系统和中枢神经系统的疾病,产生心律不齐、血压升高、消化不良等症状;更强的噪声,如喷气式飞机和水泥球磨机的噪声,几分钟时间就会使人头昏、恶心、呕吐,像晕船似的;极强的噪声,会影响胎儿的发育,造成听力的损伤或丧失,甚至直接导致人和动物的死亡

2.一些声音的分贝数和人耳的感觉情况

声音的来源	声音强弱的等级/dB	听觉效果(感觉)
树叶微动	10	极静
轻声交谈	20~40	安静
正常说话	50~60	较静
大声说话	70~80	较吵
嘈杂的马路	90	很吵
行驶的载重汽车	100~110	震耳
飞机起飞	130~140	疼痛难忍

考霸笔记

人们以分贝(dB)为单位来表示声音强弱的等级。

0 dB 是人刚能听见的最微弱的声音;30~40 dB 是较理想的安静环境;50 dB 以上就会影响睡眠;70 dB 以上会干扰谈话、影响工作效率;长期在 90 dB 以上的噪声环境中生活,会影响听力并引起神经衰弱等疾病;如果突然暴露在高达 150 dB 的噪声环境中,鼓膜会破裂出血,双耳完全失去听力。

3.乐音与噪声的区别与联系

针对训练

下列关于乐音和噪声的叙述中错误的是( )

A.乐音悦耳动听

B.只要是乐器发出的声音就是乐音

C.噪声使人烦躁不安,有害于人的健康

C.乐音的振动遵循一定的规律,噪声的振动杂乱无章,无规律可循

答案:B

关系		声音	
		乐音	噪声
区别	定义	听起来优美动听的声音,如音乐家演奏乐器的声音	听起来嘈杂刺耳的声音,如各种机器发出的声音
	产生原因	物体按一定规律振动产生的声音	物体做无规则振动产生的声音
	环保角度	—	凡是影响人们正常休息、学习和工作的声音,以及对人们要听的声音产生干扰作用的声音
联系		乐音和噪声都是由物体振动产生的,并没有严格的界限,有些声音从物理学角度来看属于乐音,但从环境保护角度看却属于噪声	

4.噪声的控制

措施	在声源处减弱	在传播过程中减弱	在人耳处减弱
途径	防止噪声的产生	阻断噪声的传播	防止噪声进入耳朵
示例	改造噪声大的机器或换用噪声小的机器;做个外罩把噪声源罩起来;在内燃机排气管上加消声器等	使有噪声源的厂房门窗背向居民区,减弱传向居民区的噪声;在马路和住宅间设立屏障或植树造林,使传来的噪声被反射或部分吸收而减弱	可以戴上防噪声耳塞,或者在耳孔中塞一小团棉花等

考霸笔记

噪声的利用

随着科技的发展,噪声不再"一无是处",现在我们可利用噪声除草、除尘、诊病等。

专题五　物态变化(一)

核心考点 1　温度

考霸笔记

在书写摄氏温度时,0 ℃以下的在数字前面加一个"−"号,读做"零下"或"负";0 ℃以上的省略"+"号,读做"零上"。"零上"可以不读出来,但"零下"或"负"必须读出来。

1.温度

概念		物体的冷热程度叫做温度。温度的测量标准叫做温标
温标	摄氏温标	单位是摄氏度,符号是℃,如今天的气温是18℃,读做"18 摄氏度";冰箱冷冻室内的温度是−15℃,读做"负 15 摄氏度"或"零下15 摄氏度"
	摄氏度的规定	把在标准大气压下冰水混合物的温度定为 0℃,沸水的温度定为100℃,把 0℃或 100℃之间分成 100 等份,每一等份是摄氏温度的一个单位,叫做1℃,摄氏温度通常用字母 t 表示
	热力学温标	国际单位制单位是开尔文,简称开,符号 K
	热力学温标的规定	热力学温标是以温度的下限为起点温度,这个下限温度叫做绝对零度,即 0 K

续表

温标	热力学温标 T 与摄氏温标 t 之间的关系	每 1K 的大小与每 1℃ 的大小相等,两者关系公式为:$T = 273.15 + t$,通常约为 $T = 273 + t$

2.温度计

(1)温度计:

定义	用来测量温度的仪器
原理	常用温度计是根据液体热胀冷缩的性质制成的
构造	常用温度计的主要部分是一根内径很细而且均匀的玻璃管,管下端是一个玻璃泡,在玻璃管和玻璃泡里有适量的液体,可以是酒精、煤油或水银,在玻璃泡上部的管壁上有刻度
使用方法	使用温度计测温度时要做到: (1)首先观察温度计量程; (2)认清分度值; (3)温度计的玻璃泡全部浸入被测液体中,即与被测物体紧密接触,不要碰到容器底或侧壁; (4)温度计的玻璃泡浸入被测液体后要稍微等一会儿,待温度计的示数稳定后再读数; (5)读数时玻璃泡要继续留在被测液体中,视线与温度计中液柱的液面相平

考霸笔记

温度计使用中常见的几种情况

错	错	错
温度计的玻璃泡与容器壁接触	温度计的玻璃泡与容器底接触	温度计的玻璃泡没有完全浸入被测液体中

续表

错	错	正确
视线没有保持与液柱的液面相平	温度计在读数时,温度计的玻璃泡要继续浸在被测液体中	读数时,温度计可以不竖直放置,但视线一定要跟温度计中的液柱的液面相平

(2)体温计:

1)用途:体温计用于测量人体温度。

2)使用及读数方法:常用体温计的量程为35~42 ℃,分度值为0.1 ℃,读数时要把它从腋下或口腔中拿出来。每次使用体温计之前,须将水银甩下去(其他温度计不允许甩)。

3)结构:测体温时,体温计玻璃泡内的水银随着温度升高,发生膨胀,通过细管挤到直管;当体温计离开人体时,水银变冷收缩,细管内的水银断开,直管内的水银不能退回玻璃泡内,所以它表示的是人体的温度。

3.体温计、实验室用温度计和寒暑表的主要区别

比较项目	测量温度的仪器		
	实验室用温度计	体温计	寒暑表
原理	液体的热胀冷缩	液体的热胀冷缩	液体的热胀冷缩
玻璃泡内液体	水银、煤油等	水银	煤油、酒精等
刻度范围	-20~105 ℃	35~42 ℃	-20~50 ℃
分度值	1 ℃	0.1 ℃	1 ℃
构造	玻璃泡上部是均匀细管	玻璃泡上部有一段细而弯的"缩口"	玻璃泡上部是均匀细管

续表

比较项目	测量温度的仪器		
	实验室用温度计	体温计	寒暑表
使用方法	不能离开被测物体读数,不能甩	可以离开被测物体读数,使用前要甩一下	放在被测环境中直接读数,不能甩

4.生活中常见的温度值

物质	温度 $t/^{\circ}C$	物质	温度 $t/^{\circ}C$
居室的温度	20~25	沸水	100
冰箱冷藏室的温度	4	通电的灯丝	2 500
冰箱冷冻室的温度	−18	月球表面	−160~135
泡茶的温度	70~90	熔化的冰	0
洗澡水的温度	34~40	冷冻的食物	−18~−23
洗脚水的温度	38~43	人正常体温	36~37
地壳岩浆	1 100~1 300	夏季沙漠	60
地核	2 000~5 000	南极内陆	−88.3
太阳表面	6 000	压力锅内的温度	110~120

考霸笔记

医生检查病人体温时,常选三个地方的温度:直肠温度正常时为36.9~37.9℃;口腔舌下温度正常时为36.7~37.7℃;腋窝温度正常时为36.0~37.4℃。直肠温度最稳定,但是腋窝温度测量起来最方便。

核心考点 2 熔化和凝固

考霸笔记

常见的熔化和凝固现象:冰熔化成水,水凝固成冰。

1.定义

(1)熔化:物质从固态变成液态的过程叫做熔化。

(2)凝固:物质从液态变成固态的过程叫做凝固。

2.熔点和凝固点

(1)定义:

1)熔点:晶体熔化时的温度叫做熔点。非晶体没有确定的熔点。

2)凝固点:液体凝固形成晶体时的温度叫做凝固点。非晶体没有确定的凝固点。

（2）晶体与非晶体：

比较项目	晶体	非晶体
代表物质	海波、冰、食盐、各种金属	松香、玻璃、蜂蜡、沥青
熔点	晶体熔化时的温度叫熔点,每种晶体都有各自的熔点	非晶体没有确定的熔化温度,没有熔点
凝固点	形成晶体时的温度叫凝固点,同种晶体的熔点与凝固点相同	非晶体没有确定的凝固温度,没有凝固点
熔化过程	吸收热量,温度不变	吸收热量,温度升高
凝固过程	放出热量,温度不变	放出热量,温度降低
熔化条件	温度达到熔点,继续吸热	吸收热量
熔化图象		
凝固图象		

★ 考霸笔记

熔化、融化、溶化的区别

①"熔化"指金属,石蜡等固体受热变成液体的过程。例如:铁加热到1 535 ℃就熔化成铁水了;激光产生的高温,能熔化金属;块状的沥青倒进大锅,加热后就熔化了。

②"融化"特指冰、雪、霜受热后化成水。例如:初春,河里的冰开始融化;太阳照射不到的地方,积雪融化得慢。

③"溶化"一般指固体溶解在水或其他液体里。例如:盐放进水里,很快就溶化了;颜料放进水里,一会儿就溶化了;把一种胶块放在酒精里可以溶化。

(3)几种晶体的熔点(标准大气压):

晶体	熔点/℃	晶体	熔点/℃	晶体	熔点/℃
钨	3 410	铝	660	固态水银	−39
铁	1 535	铅	328	固态甲苯	−95
钢	1 515	锡	232	固态酒精	−117
灰铸铁	1 177	萘	80.5	固态氮	−210
铜	1 083	海波	48	固态氧	−218
金	1 064	冰	0	固态氢	−259

专题六　物态变化(二)

核心考点 1　汽化和液化

1.定义

(1)汽化:物质从液态变为气态的过程叫做汽化。

(2)液化:物质从气态变为液态的过程叫做液化。

2.汽化的两种方式

蒸发	概念	只在液体表面进行的汽化现象叫做蒸发
	条件	蒸发时要吸热,温度会降低
	温度要求	蒸发在任何温度下都会发生

考霸笔记

　常见的汽化和液化现象:水蒸发成水蒸气;水蒸气液化成水滴。

续表

考霸笔记

蒸发和沸腾的比较

比较项目	蒸发	沸腾
发生部位	只在液体表面	在液体表面和内部同时发生
温度条件	任何温度下	只在沸点时
剧烈程度	缓慢	剧烈
影响因素	液体表面积、空气流速、温度等	供热快慢
温度变化	降温	温度保持在沸点不变
共同特点	都属于汽化现象,都是吸热过程	

蒸发	影响蒸发快慢的因素	(1)与液体的温度有关,液体的温度越高,蒸发越快 (2)与液体的表面积有关,液体的表面积越大,蒸发越快 (3)与液体表面附近的空气流动快慢有关,空气流动越快,蒸发越快 (4)与气压有关,气压越小,蒸发越快 (5)与液体的种类有关
沸腾	概念	在液体的表面和内部同时发生的剧烈的汽化现象
	条件	温度达到沸点,继续吸收热量
	特点	吸收热量,温度保持在沸点不变
	沸点	(1)液体沸腾时的温度叫做沸点 (2)不同液体的沸点不同 (3)沸点随液体表面的气压升高而升高

3.探究水的沸腾

装置	按如图所示装置,对水进行加热,观察水的沸腾,水沸腾后停止加热
现象	(1)用酒精灯加热到一定时间,水开始沸腾,出现剧烈的翻滚 (2)沸腾前温度不断上升;沸腾过程中温度不变 (3)沸腾过程中继续加热,可以看到水面在持续下降 (4)停止加热,沸腾停止,温度开始下降
现象	从表面上观察,可看到如图所示顺序的现象

考霸笔记

"白气"现象可分为两类,一类是冷物体冒"白气";另一类是热物体冒"白气"。尽管它们都是水蒸气遇冷液化而成的小水珠,但水蒸气的来源却不同。例如:雪糕冒"白气"是雪糕周围附近空气中的水蒸气(来源于雪糕之外)遇冷液化而成;烧开水时,壶嘴冒"白气"是壶中产生的水蒸气(来源于壶内)遇到壶嘴外附近的冷空气液化而成的。它们共同的特点都是水蒸气遇冷。

续表

总结	沸腾需要一定的温度,液体的沸腾是一种剧烈的汽化现象,液体在沸腾前吸收热量,温度不断上升,沸腾过程中继续吸收热量,温度保持不变
说明	液体沸腾时的图象: **图象说明**:液体沸腾时,吸收热量,而温度保持不变,即维持在沸点温度
易错点津	水沸腾后,看到的大量"白气",并不是水蒸气,而是由水蒸气遇冷液化成的小水滴,即雾气;水蒸气是看不见、摸不到的,我们在日常生活中所看到的"白气"都是由液体即小水滴组成的

4.液化的两种方式

降低温度	(1)降低温度可以使气体液化,当气体(如水蒸气)遇到温度低的物体时,会放出热量,液化成液体(小水滴) (2)临界温度:每种气体都有一个特定的温度,在这个温度以上,无论怎样增大压强,气体也不会液化,这个温度叫做临界温度。各种物质的临界温度差别很大
压缩体积	通过压缩体积(增大压强)的方法可使气体液化。例如,家庭用的液化石油气就是用加压的方法使气体液化装入罐内的
综合法	降低温度能使所有的气体液化,而压缩体积只能使一部分气体液化,同时采用加压和降温的方法可较容易地使气体液化,这也是较常用的方法

核心考点 2　**升华和凝华**

升华	定义	物质由固态直接变成气态的过程,中间不经过液态
	吸(放)热	升华过程要吸收热量
	应用	(1)干冰可以用来吸热降温,防止食品腐烂变质 (2)灯丝在高温下升华变细

续表

凝华	定义	物质由气态直接变成固态的过程,中间不经过液态
	吸(放)热	凝华过程要放出热量
	现象	(1)霜、雾凇、冬天窗玻璃上的冰花 (2)白炽灯泡变黑是灯丝升华后又在灯泡壁上凝华所致

核心考点 3 物态变化

1.六种物态变化总结

物态	物质存在的状态叫做物态
常见的三种物态	固态、液态和气态是自然界中物质常见的三种形态
物态变化	物质由一种状态变为另一种状态的过程叫做物态变化
物态变化的条件	温度条件、热量条件等

续表

六种物态变化	熔化	物质由固态变成液态的现象。例:冰化成水;铁块化成铁水	吸收热量
	凝固	物质由液态变成固态的现象。例:水结冰;液态的蜡变成蜡块	放出热量
	汽化	物质由液态变成气态的现象。例:水变成水蒸气;酒精挥发	吸收热量
	液化	物质由气态变成液态的现象。例:雾、露的形成	放出热量
	升华	物质由固态直接变成气态的现象。例:冰冻的衣服变干;卫生球变小	吸收热量
	凝华	物质由气态直接变成固态的现象。例:霜、雾凇、冰花的形成	放出热量

2.常见的自然现象与物态变化

自然现象	物态变化	产生条件	吸(放)热
水结成冰	凝固	温度降到0 ℃	放热
水烧开	汽化(沸腾)	温度升到100 ℃(标准气压下)	吸热

续表

自然现象	物态变化	产生条件	吸(放)热
雨后地面变干	汽化(蒸发)	通常温度	吸热
冰块化了	熔化	温度升到0 ℃(标准大气压下)	吸热
水烧开后看到的"白气"	液化	水蒸气遇冷	放热
冰箱里的"霜"	凝华	冰箱内水蒸气遇冷急剧降温	放热
天上的云	液化、凝华	水蒸气遇冷	放热
早晨的雾	液化	水蒸气遇冷	放热
早晨的露水	液化	水蒸气遇冷	放热
霜	凝华	水蒸气遇冷	放热
冬天,窗玻璃上的冰花	凝华	室内水蒸气遇冷	放热
冬天,树枝上的雾凇	凝华	空气中水蒸气遇冷	放热
冬天,轿车车窗变模糊	液化	车内水蒸气遇冷	放热
夏天,水管上附着的水珠	液化	空气中水蒸气遇冷	放热
湖面上的"雾气"	液化	湖面上水蒸气遇冷	放热
冬天,冰冻的衣服变干	升华	0 ℃以下低温	吸热

专题七 光的认识

核心考点 1 光源及其分类

光源	概念	太阳、点燃的蜡烛、发光的灯、火把、油灯、萤火虫等能够发光的物体叫做光源	
	分类	天然光源	(1)宇宙中的恒星,如太阳 (2)夏天夜晚的萤火虫 (3)大海深处的灯笼鱼、斧头鱼、水母等
		人造光源	(1)火光源:油灯、点燃的蜡烛、煤气灯、火把等 (2)电光源:白炽灯、日光灯、霓虹灯、激光、LED灯等。①白炽灯属于热光源;②日光灯、霓虹灯属冷光源;③激光器产生的激光使人造光源的亮度有了质的飞跃,它的亮度比太阳表面的亮度高200倍

考霸笔记

　　光源指的是自身能发光的物体,不包括反射光的情况。例如,月亮是靠反射太阳的光,自行车的尾灯、公路的交通标志牌及放电影时的银幕是反射射向它们的光,它们本身不能发光,因此不是光源。

续表

特别提示：

(1)冷光源的效率比热光源高得多,现代城市照明路灯采用的高压汞灯或钠灯都是冷光源

(2)当光源的大小与被照物到光源间的距离相比很小时,可把光源当作一个点来处理,这样的光源叫做点光源,点光源的光是向四周空间辐射的

核心考点 2　光的直线传播

1.光的直线传播

条件	光在同一种均匀的介质中是沿直线传播的
光线	为了表示光的传播路径,人们常用一条带箭头的直线来表示光的传播路线和方向
应用	(1)小孔成像,日食、月食的形成 (2)上体育课整队时,喊口令:向右看齐 (3)激光准直 (4)夏天人们打伞遮阳 (5)木工刨木板面时,用眼看刨得平不平整 (6)影子的形成、皮影戏等 (7)利用标杆的影子测算高楼等建筑物的高度

考霸笔记

光线实际上是不存在的,是为了方便研究光的传播情况而引入的一种表示光的传播路线和方向的直线。它是对细窄光束的抽象,是一种物理模型。

2.几种光沿直线传播的事例

现象	成因	图示
影子的形成	光在传播过程中，当遇到不透明的物体时，便会在物体后面光不能到达的区域产生影子，如图所示的手影表演就是利用了影子形成的原理	
日食	当月球转到地球和太阳之间，且三者处于同一直线上时，月球就挡住了太阳射向地球的太阳光，由于光沿直线传播，在地球的阴影部分的地区就发生了日食，如图所示	
月食	当地球转到了月球和太阳之间，且三者处于同一直线上时，地球就挡住了射向月球的太阳光，由于光沿直线传播，在阴影部分的月球不能反射太阳光，这就形成了月食，如图所示	

考霸笔记

小孔成像的特点

（1）由于像是实际光线会聚而成的，因此是实像。

（2）只有小孔足够小时才能成像。

（3）像倒立，像的形状与物体相似，与小孔的形状无关。

（4）像的大小取决于光屏到小孔的距离和物体到小孔的距离的关系。

续表

现象	成因	图示
小孔成像	光线穿过小孔射到光屏上所成的像,如图所示。小孔成像中所成的像的大小跟物体、光屏到小孔的远近有关。物体离小孔越近,光屏离小孔越远,所成的像就越大,并且所成的像是一个倒立的实像(实像是指由实际光线会聚而成并能呈现在光屏上的像)	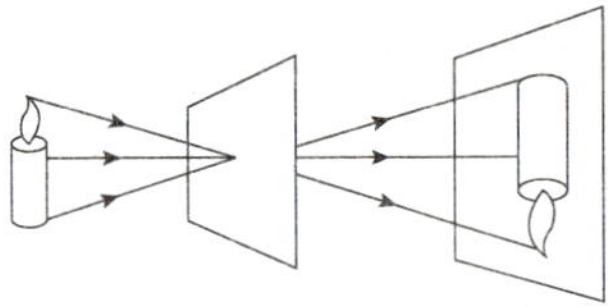

考霸笔记

牛郎和织女真的每年相会一次吗?

传说,王母娘娘折散了牛郎和织女,他们化作天上的两颗星,只能在每年农历七月初七渡过银河相会一次。但是,现实中,这两颗星之间的距离是16光年,即牛郎以光速从牛郎星飞到织女星要16年,因此,要想每年相会一次,几乎是不可能的!

核心考点 3 光速——光的传播快慢

概念	光在单位时间内所传播的距离叫做光速
规律	(1)光在不同的物质中传播的速度不同 (2)光在真空中的传播速度最大,也是宇宙中最快的速度,用字母 c 表示,$c=2.997\,92\times10^8$ m/s,可近似取为 $c=3\times10^8$ m/s

续表

规律	(3)光在其他各种透明介质中的传播速度比真空中的传播速度小,光在空气中的传播速度略小于光在真空中的传播速度,一般取 $c=3×10^8$ m/s,光在水中的传播速度是光在真空中传播速度的 $\dfrac{3}{4}$,光在玻璃中的传播速度是光在真空中传播速度的 $\dfrac{2}{3}$
光年	光年是指光在 1 年内传播的距离,它是一个长度单位,通常用在天文学中表示天体间的距离,1 光年约等于 $9.46×10^{12}$ km

专题八　光的反射、折射和色散

考霸笔记

桥在水中的倒影、人在平面镜前看到镜中的"自己"等都属于反射现象。

核心考点 1　光的反射

1.光的反射

（1）定义：

光从一种介质射向另一种介质的交界面时,一部分光返回原来介质中,使光的传播方向发生了改变,这种现象称为光的反射。

（2）光的反射规律：

三线	一点	光的入射点，用字母"O"表示
	入射光线	射到反射面的光线，如图中的 AO
	法线	经过入射点 O 垂直于反射面的直线，它是一条辅助线，通常用虚线表示，如图中的 ON
	反射光线	入射光线射到反射面上后，被反射面反射后的光线，如图中的 OB
两角	入射角	入射光线与法线的夹角，如图中的 $\angle AON$
	反射角	反射光线与法线的夹角，如图中的 $\angle BON$

2.探究光的反射定律

（1）器材：

器材	作用
激光笔	光源，提供入射光线
平面镜	对光起反射作用
折叠纸板	探究反射光线、入射光线与法线的关系，显示光的传播路径

考霸笔记

在反射现象中，光路是可逆的。例如，当你在平面镜中看到一位同学的眼睛，那么，这位同学也一定会通过这面镜子看到你的眼睛。

（2）实验：

实验	内容
实验装置	
实验步骤	（1）把一个平面镜放在水平桌面上,再把一张纸板 ENF 竖直地立在平面镜上,纸板上的直线 ON 垂直于镜面 （2）一束光贴着纸板沿某一角度射到 O 点,经平面镜的反射,沿另一个方向射出,在纸板上用笔描出入射光线 EO 和反射光线 OF 的径迹 （3）改变光束的入射方向,多做几次。换不同颜色的笔,记录光的径迹。取下纸板,用量角器测量 NO 两侧的 $\angle i$ 和 $\angle r$ （4）纸板 ENF 是用两块纸板连接起来的,把纸板 NOF 向前折或向后折,便不能再看到反射光线
反射规律	在光的反射现象中,反射光线与入射光线、法线在同一平面上;反射光线和入射光线分别处在法线的两侧;反射角等于入射角
记忆口诀：	三线共面、两线分居、两角相等、光路可逆

3.镜面反射和漫反射

(1)镜面反射与漫反射的比较：

分类	不同点			相同点
	反射面	平行光入射	现象举例	
镜面反射	光滑	反射光仍平行,只在一个方向看到反射光	水面倒影、人在镜中的像	都遵循光的反射定律
漫反射	凹凸不平	反射光向各个方向反射,能在各个方向看到反射光	看到粉笔字、看到盛开的鲜花等	

记忆口诀：

反射入射角永等,垂直入射反入零。原路返回三线重,光路可逆反射中。反射入射都平行,镜面反射逆反清。入射平行反各出,漫反各方能看清

(2)镜面反射的应用：

1)红宝石激光器中红宝石两端被磨成一对平行平面镜,它发射的很强的激光是经多次反射形成的。

2)潜望镜,将两块平面镜放置在两拐弯处,两次改变光的传播路径。

3)光导纤维,简称光纤,它是一种特殊的玻璃丝,直径只有几微米到几十微

米,外面包着一层折射率比它小的材料,只要入射角满足一定的条件,光束就可以在光纤中弯弯曲曲从一端传到另一端。

4)太阳灶,将许多面镜子放置好,面对太阳光,太阳光经这些镜面反射,会聚到一点,在该点放上水壶,可把壶中的水烧开。

(3)漫反射的应用:

1)由于一般物体的表面较粗糙,会发生光的漫反射,周围的人都能看到经物体反射的光,这样就可以看见该物体了。

2)电影院中电影幕布、教室的黑板等都比较粗糙,人们在不同位置、不同的方向都可看到电影及黑板上的字。

核心考点 2　平面镜成像

1.面镜及其作用

平面镜	特征	反射面为平面的镜子称为平面镜。生活中的平面镜是镀了反射膜的平面玻璃片,类似平面镜性能的有平静的水面、光洁平滑的金属表面、漆过的家具表面等

续表

平面镜	成像规律	(1)平面镜所成的像是正立的虚像 (2)像和物的大小相等 (3)像到平面镜的距离与物体到平面镜的距离相等
	应用	(1)家庭里梳妆台上的梳妆镜、服装店里的试衣镜、练功房里的墙面镜等,都可以让人从镜中了解自己的模样和气质 (2)潜望镜中的平面镜,让战壕里的人可以看到地面上的人,让潜水艇里的人可以看到水面上的船只 (3)医院牙科医生使用的平面镜,可以观察患者牙齿不易看到的部分 (4)万花筒由多面平面镜组成,使我们能看到美丽的、变化的图形
球面镜	特征	反射面是球面的一部分的镜子叫做球面镜。球面镜有凹面镜和凸面镜两种。球面的内表面作反射面的叫凹面镜,简称凹镜;球面的外表面作反射面的叫凸面镜,简称凸镜
	应用 凹面镜	利用凹面镜能会聚光的性质及光路的可逆性,可以制成太阳灶,把太阳光聚焦到一起后,利用太阳能来烧水、煮饭等;将光源放在凹面镜的焦点,这样得到平行光束,制成手电筒、汽车头灯、探照灯、电影放映机等
	凸面镜	利用凸面镜能发散光的性质及光路的可逆性,可以制成汽车的观后镜,可让司机观察到汽车后面两边更大范围的情况;在山区公路急转弯处,安装凸面镜,可让司机看到原来看不见的路况,扩大视野

考霸笔记

餐具中不锈钢勺子的背面就相当于一个凸面镜,而正面凹下去的地方就相当于一个凹面镜。

哈哈镜的镜面不是平的,有的部分是凸镜,有的部分是凹镜。

哈哈镜成像

2.探究平面镜成像

平面镜成像特点:等大、等距、对称、虚像。

利用数学中有关对称的知识,平面镜成像的规律也可以表述为:平面镜所成的像与物体关于镜面对称。

器材	透明玻璃板	使蜡烛成像;便于确定蜡烛像的位置	
	两只相同的蜡烛	比较像与物的大小关系	
	直尺	测量物体与像的位置关系	
方法	让外形相同的蜡烛与点燃蜡烛的像重合,这个位置就是像的位置,这种方法叫做等效替代法		
成像特点	(1)像与物大小相等 (2)像与物到镜面的距离相等 (3)像与物对应点的连线与镜面垂直 (4)像是正立的虚像		

续表

防错档案	(1)实验时玻璃板一定要与桌面垂直,这样便于找到和确定像的位置 (2)实验时尽量选择薄一点的透明玻璃板,目的是避免物体经玻璃板前后两个面成像的干扰 (3)像的大小只和物体的大小有关,与物体到平面镜的距离及平面镜的大小等无关 (4)像到平面镜的距离只和物体到平面镜的距离有关,与平面镜的厚度无关
原理分析	如图所示,镜前物体射向平面镜的光线,遇到平面镜就发生反射,反射光线进入人的眼睛,视觉会逆着反射光线反向延长,反射光线的延长线的交点就形成了物体在平面镜中的像 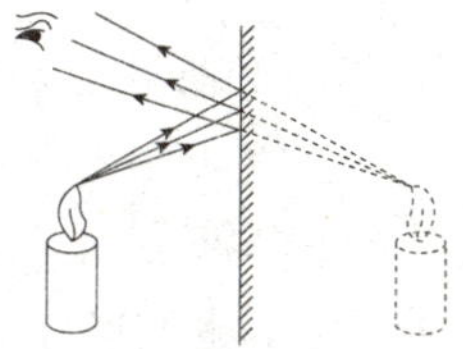

核心考点 3 光的折射

1.光的折射

(1)定义:

　　光从一种介质斜射入另一种介质时,传播方向发生了偏折,这种现象叫做光的折射。

(2)光的折射规律：

概念	定义	图示
入射光线	照射到两物质分界面的光线AO	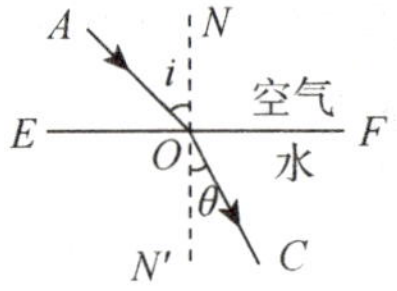
折射光线	光进入另一种物质被折射后的光线OC	
法线	垂直于两物质分界面的直线NN′	
入射角	入射光线与法线的夹角∠i	
折射角	折射光线与法线的夹角∠θ	
折射规律	(1)折射光线、入射光线和法线在同一平面内(三线共面) (2)折射光线、入射光线分别位于法线两侧(两线分居) (3)折射角随入射角的改变而改变;入射角增大时,折射角也增大;入射角减小时,折射角也减小 (4)当光从空气斜射入水或玻璃等透明物质时,折射角小于入射角;当光从水或玻璃等透明物质斜射入空气时,折射角大于入射角,即"空气中的角总是大的" (5)光发生折射时光路也是可逆的	
生活中的折射现象	筷子放入盛有水的杯中,筷子在水面处发生向上弯折,好像变"短"了;洗脸时,看到脸盆里的水深比实际水深要浅些;夏天常在海面上看到有海市蜃楼的景象	

2.探究光的折射规律

实验过程	(1)如图所示,让光从空气进入水中,观察折射光线、入射光线、法线之间的位置关系 (2)比较折射角与入射角的大小 (3)改变入射角的大小,观察折射角的变化情况 (4)换用玻璃砖,将上面的实验过程重复一次 (5)让光从水中斜射到空气中,观察入射角和折射角的变化
实验记录	(1)光从空气射入水中,折射光线、入射光线、法线在同一平面内,折射光线和入射光线分别位于法线的两侧 (2)光从空气射入水中,折射角小于入射角

考霸笔记

光的折射现象的解释

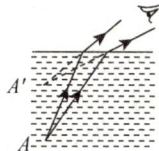

现象:从岸上看水中的物体,物体变浅了。

现象分析:假设从 A 点射出的两条光线经折射后射入人眼,则我们会觉得光好像是从 A' 点射入我们眼睛里的,因此我们会觉得物体位置浅了。

结论:从岸上看水中的物体,物体变浅了,是因为看到升高了的虚像。

续表

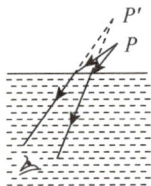

现象：跳水运动员在水下观察10 m跳台，就会感到其高度超过10 m

现象分析：假设从 P 点射出的两条光线经折射后射入人眼，则我们会觉得光好像是从 P' 点射入我们眼睛里的，因此我们会觉得物体位置高了。

结论：从水中看岸上的物体，物体变高了，是因为看到升高了的虚像。

实验记录	(3)改变入射角的大小,折射角也随之改变
	(4)换用玻璃砖,情况也类似
	(5)光从水中斜射到空气中,折射角大于入射角
注意	(1)当光线从一种介质射入另一种介质时,除了发生折射现象以外,在入射介质的界面上还发生了反射
	(2)要强调的是当光斜射到两种介质的界面时,光的传播方向发生了偏折,但是当光线垂直于界面,从一种介质射入另一种介质时,入射角为零,折射角也为零,光还是沿直线传播的,这是一种特殊的情况
	(3)当光线从一种介质射入另一种介质时,光线会出现折射。另外,光在不同介质中的传播速度是不同的
	(4)如图所示,折射现象中,折射光路是可逆的。如果让光逆着折射方向从水中射入空气中,可以看到,进入空气中的折射光逆着原来入射光的方向射出。

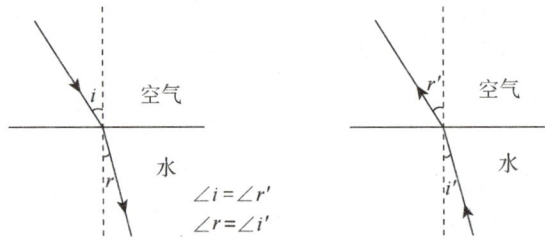

$\angle i = \angle r'$
$\angle r = \angle i'$

3.光的折射与光的反射的辨析

相同点	①当光传播到两介质的交界面时,一般要同时发生反射和折射;②反射光线和折射光线都与对应的入射光线、法线在同一平面上;③反射光线、折射光线都和对应的入射光线分居在法线两侧,即反射光线与折射光线位于法线的同侧;④反射角和折射角都随对应的入射角的增大而增大,随它的减小而减小;⑤光在反射和折射时光路都是可逆的
不同点	①反射光线与对应的入射光线在同种介质中,折射光线与对应的入射光线在不同介质中;②反射角始终等于对应的入射角,而折射角与对应的入射角一般不相等,其大小关系跟"光是从空气射入其他介质,还是从其他介质射入空气"有关,只有当光垂直界面入射时,折射角和入射角才相等,都等于零度

核心考点 4　光的色散

1.物体的颜色和看不见的光

物体的颜色	在光照到物体上时,一部分光被物体反射,一部分光被物体吸收,不同物体对不同颜色的光反射、透过的情况不同,因此呈现不同的色彩。物体的颜色是由它反射或透过的色光决定的

考霸笔记

过量的紫外线照射对人体有害,轻则使皮肤粗糙,重则引起皮肤疾病。

续表

物体的颜色	(1)透明体的颜色是由它透过的色光决定的 (2)不透明体的颜色是由不透明体反射的色光决定,即什么颜色的不透明体只能反射什么颜色的光 (3)如果不透明体能反射各种色光,那么它就是白色的,例如:白纸、电影银幕、白色墙壁等反射各种色光。如果不透明体几乎吸收各种色光,那么它就是黑色的,例如:教室中的黑板、黑色皮鞋、沥青路面等,光射到上面,几乎没有反射光进入眼睛,所以看起来是黑色的
看不见的光	红外线是可见光谱中红光之外的一种不可见光,而且任何物体都能发出红外线,红外线穿透雾的能力比较强,红外线在生产、生活中有许多应用,如红外线遥感器。紫外线是可见光谱中紫光之外的一种看不见的光,紫外线主要作用是化学作用和荧光效应,如紫外线灭菌灯和验钞机等

2.光的色散与光的散射

光的色散	太阳光是白光,它经过三棱镜后,被分解成各种颜色的光,在白屏上形成一条彩色的光带,颜色依次是红、橙、黄、绿、蓝、靛、紫,这种现象叫做光的色散	

考霸笔记

色光的三原色与颜料的三原色

色光的三原色:红、绿、蓝。颜料的三原色:红、黄、蓝。色光的三原色混合后为白色,颜料的三原色混合后为黑色。

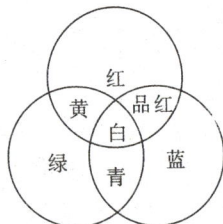

色光三原色混合

续表

光的散射	当光通过不均匀的介质(如悬浮的颗粒或分子)时,部分光束将偏离原来方向而分散到各个不同方向去,称之为光的散射。例如,太阳光射到地球表面时必须穿过大气层,因此太阳光要受到空气分子和悬浮在空气中的细小的尘埃粒子的散射
	不同颜色的光的波长不同,依照红、橙、黄、绿、蓝、靛、紫的顺序,它们的波长一个比一个短。大气对光的散射有一个特点:波长较短的光容易被散射,波长较长的光不容易被散射。蓝光、紫光容易被大气散射,在空气中传不远。红光不容易被散射,在空气中可以传播较长的距离,所以用红灯表示"停";但是人眼对红光的敏感程度不如黄光、绿光,所以绿光是通行信号,雾灯的颜色选用了黄光

考霸笔记

大海为什么是蓝色的

太阳光是由红、橙、黄、绿、蓝、靛、紫七种色光组成,当太阳光照射到大海上时,蓝光、紫光大部分被散射,并且蓝光部分多,所以大海看上去是碧蓝的。

专题九　透镜及其应用

凸透镜

凹透镜视物

核心考点 1　透镜的基本概念及作用

1.透镜的基本概念

透镜	凸透镜	中间厚、边缘薄的透镜叫凸透镜,对光有会聚作用
	凹透镜	中间薄、边缘厚的透镜叫凹透镜,对光有发散作用
主光轴		通过透镜的两个球面球心的直线叫主光轴,每个透镜都有一条主光轴,主光轴应用点画线表示
光心		主光轴上有个特殊的点,通过它的光传播方向不改变,这个点叫做透镜的光心,用字母 O 表示

续表

焦点	凸透镜能使平行于主光轴的光线会聚一点,这个点叫做焦点,用字母 F 表示,凸透镜的焦点是由实际光线会聚而成的,称为实焦点。凹透镜能使平行于主光轴的光线发散,发散光线的反向延长线相交于一点,这一点并不是由实际光线会聚而成的,称为虚焦点
焦距	焦点 F 到透镜光心 O 的距离叫焦距,用字母 f 表示。透镜两侧各有一个焦点,两侧的焦距相等
物距	物体到透镜光心的距离,用字母 u 表示
像距	像到透镜光心的距离,用字母 v 表示
实像	能在光屏上呈现的像,是由实际光线会聚而成的
虚像	不能在光屏上呈现的像,它不是由实际光线会聚而成的,而是由实际光线的反向延长线相交而成的

2.透镜的三条特殊光线

凸透镜	凹透镜
通过光心的光线经凸透镜后传播方向不变	通过光心的光线经凹透镜后传播方向不变

续表

凸透镜	凹透镜
通过凸透镜焦点的光线经凸透镜折射后平行于主光轴射出 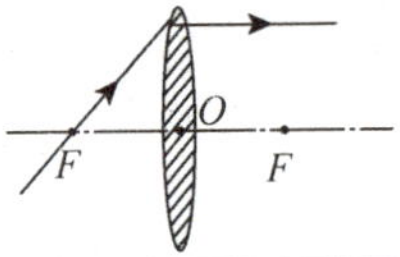	射向凹透镜的光线如果其延长线通过虚焦点,则经凹透镜折射后平行于主光轴射出 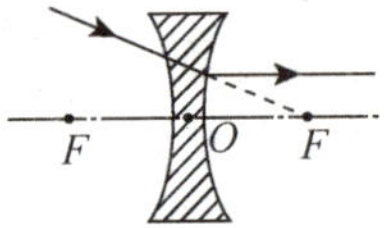
跟主光轴平行的光线经凸透镜折射后过焦点 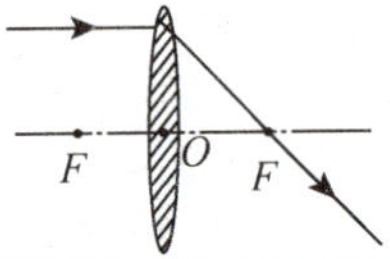	跟主光轴平行的光线经凹透镜折射后,折射光线的反向延长线过虚焦点 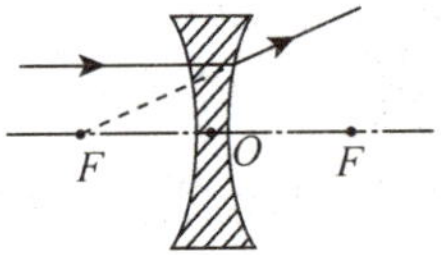

3.探究凸透镜和凹透镜对光的作用

凸透镜	(1)如图甲所示,取一个凸透镜正对着太阳光,再把纸放在它的另一侧,来回移动纸面,可以得到一个细小的光斑。来自遥远的太阳光线可以认为是平行光,平行光经过凸透镜后,会聚成了一个细小的亮点,说明凸透镜对光线具有会聚作用

续表

凸透镜	甲 (2)凸透镜对光的会聚作用是指光通过凸透镜后,折射光线的传播方向比原入射光线的传播方向更偏向主光轴,其中最典型的是对平行光线的会聚。平行光、发散光、会聚光分别经过凸透镜时出现会聚的情况,如图乙所示 乙
凹透镜	(1)在凹透镜的四周加一屏障(屏障用硬纸板中间开一个圆孔制成),遮住从平行光源射向凹透镜周围的光线,如图丙所示。在光屏上可以看到一个圆形光斑,光斑直径大于圆孔直径,将光屏向远离透镜的方向移动,光斑变大。这个实验说明凹透镜对光线有发散作用

考霸笔记

凸透镜的会聚作用是指折射光线比入射光线有会聚趋势。判断光线是否被会聚,可用延长入射光线的方法判断。若入射光线延长线在折射光线外侧,则光线被会聚,透镜就是凸透镜。同理,凹透镜的发散作用是指折射光线比入射光线有发散趋势。判断光线是否被发散,同样可用延长入射光线的方法来判断。若入射光线延长线在折射光线内侧,则光线被发散,透镜是凹透镜。

续表

| 凹透镜 |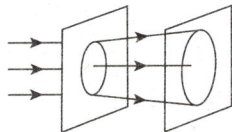

丙

(2)凹透镜对光的发散作用是指光通过凹透镜后,折射光线的传播方向比原入射光线的传播方向更偏离主光轴,其中最典型的是对平行光线的发散。平行光、发散光、会聚光分别经过凹透镜时出现发散的情况,如图丁所示

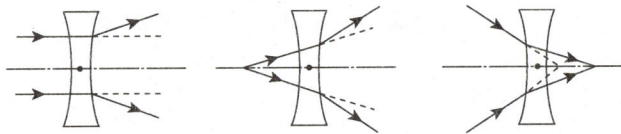

丁 |
|---|---|

核心考点 2　凸透镜成像的规律

1.探究凸透镜成像的规律

实验器材	光具座、凸透镜、蜡烛、光屏、火柴、笔

续表

实验步骤	(1)实验前利用太阳光测量并记下凸透镜的焦距 f,假设取 $f=10$ cm (2)从左至右在光具座上依次放蜡烛、凸透镜、光屏;点燃蜡烛,调整它们的高度,使烛焰、凸透镜、光屏的中心在同一高度 (3)首先将蜡烛放在 2 倍焦距处(物距 $u=2f=20$ cm),移动光屏,当看到最明亮、最清晰烛焰的像时,记录像距及像的性质 **注意**:成等大的、倒立的实像,像距 $v=2f$ (4)移动蜡烛,使 $u>2f$,移动光屏,当看到最明亮、最清晰烛焰的像时,记录像距及像的性质 **注意**:成倒立、缩小的实像,像距 $2f>v>f$ (5)移动蜡烛,使 $f<u<2f$,移动光屏,当看到最明亮、最清晰烛焰的像时,记录像距及像的性质 **注意**:成倒立、放大的实像,像距 $v>2f$ (6)移动蜡烛,使 $u<f$,移动光屏无法在光屏上找到像,这时透过凸透镜向烛焰看过去,记下看到的像的情况 **注意**:看到正立、放大的虚像,像、物同侧
结论	简记为"物近像远像变大,主光轴上两分点,一倍焦距分虚实,二倍焦距分大小"

考霸笔记

凸透镜成像实验的注意事项

(1)实验中蜡烛、凸透镜、光屏应依次放置,这是能在光屏上观察到像的前提。

(2)实验中蜡烛、凸透镜、光屏应该在同一直线上,这是像成在光屏上的前提。

(3)实验中凸透镜的镜面、光屏面应大致平行,这也是保证像成在光屏上的条件。

(4)实验中烛焰、凸透镜、光屏三者的中心应该大致在同一高度,这是保证像成在光屏中央的条件。

(5)实验中要注意凸透镜的定位,应给物距和像距留大致相同的调节空间,即凸透镜应该固定在光具座的中间。

(6)要在像最清晰时观察相应的数据。

特别提示:

(1)凸透镜固定在光具座上后,不要随便移动

(2)每次要先移动烛焰的位置,然后慢慢移动光屏找像

(3)实像与虚像的区别:实像是由实际光线会聚成的,能用光屏承接;虚像不是由实际光线会聚成的,而是由折射光线或反射光线的反向延长线相交成的,不能用光屏承接;实像一般是倒立的,虚像一般是正立的

2.利用凸透镜的三条特殊光线理解凸透镜成像规律

规律一	当物体到凸透镜的距离大于二倍焦距时,在凸透镜的另一侧成倒立、缩小的实像,其应用是照相机 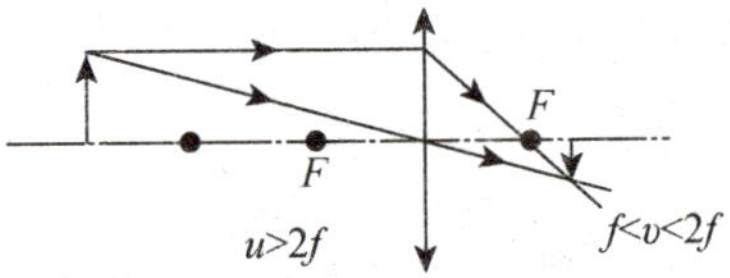
规律二	当物体到凸透镜的距离大于一倍焦距小于二倍焦距时,在凸透镜的另一侧成倒立、放大的实像,其应用是投影仪、幻灯机

续表

规律二	$f<u<2f$ $v>2f$
规律三	当物体到凸透镜的距离小于一倍焦距时,在光屏上不成像,但通过凸透镜,可在烛焰的同侧看到一个正立、放大的虚像,其应用是放大镜 $u<f$

3.凸透镜成像的规律及应用

物距 u 和焦距 f 的关系	像的性质			像的位置	应用举例
	正立或倒立	缩小或放大	实像或虚像	与物同侧或异侧	
$u>2f$	倒立	缩小	实像	异侧	照相机
$u=2f$	倒立	等大	实像	异侧	粗测焦距

考霸笔记

凸透镜成像规律口诀

口诀一:一焦分虚实,二焦分大小;虚像同侧正,实像异侧倒;成实像,物近像远像变大;成虚像,物远像远像变大。

口诀二:三物距、三界限,成像随着物距变;物近实像小而近,物远虚像大而远。

口诀三:凸透镜,本领大,照相、幻灯和放大;二倍焦外倒实小,二倍焦内倒实大;若是物放焦点内,像物同侧虚像大;物远实像近又小,物远虚像远又大。

续表

物距 u 和焦距 f 的关系	像的性质			像的位置	应用举例
	正立或倒立	缩小或放大	实像或虚像	与物同侧或异侧	
$f<u<2f$	倒立	放大	实像	异侧	投影仪
$u=f$	不成像				粗测焦距
$u<f$	正立	放大	虚像	同侧	放大镜

核心考点 3 　生活中的透镜

1.生活中的透镜

照相机	(1)原理:照相机的镜头相当于一个凸透镜,胶片相当于光屏,拍摄景物时,使景物到镜头的距离远大于二倍焦距,调节镜头与胶片的距离,使倒立、缩小的实像刚好成在胶片上,胶片上的感光物质被感光,感光后的胶片用化学药水冲洗出底片,用底片再洗印出照片 (2)调节:首先根据需要成像的大小调节物距大小再调节像距大小,拍摄远处景物时,成像小,需将镜头向后缩;拍摄近处景物时,成像大,需将镜头向前伸

续表

幻灯机	(1)主要结构:镜头(凸透镜)、幻灯片(物体)、画片框、聚光镜、反光镜、光源等 (2)原理:幻灯片离镜头的距离在二倍焦距和一倍焦距之间,用强光照射幻灯片时,就可以在屏幕上得到倒立、放大的实像。为了得到"正立"的像,要把幻灯片上下颠倒放置 (3)调节:首先根据屏幕的大小通过调节像距来确定像的大小,再调节物距直至在屏幕上得到清晰的像
放大镜	(1)原理:凸透镜作放大镜用时,一定要靠近观察的物体,使物体离凸透镜的距离小于一倍焦距,这样才能透过凸透镜看到正立、放大的虚像 (2)调节:当把物体放在焦点以内时,凸透镜才能作为一个放大镜来使用,而且物体在一倍焦距以内越靠近焦点,像越大
显微镜	(1)原理:二次成像,两次放大 (2)结构:①物镜:靠近物体一侧的透镜,相当于一个凸透镜,$f<u<2f$ 时,成倒立、放大的实像,且 $v>2f$;②目镜:靠近眼睛一侧的透镜,相当于一个凸透镜,$u<f$ 时,成正立、放大的虚像,可直接用眼看到;③反光镜:分平面镜和凹面镜两个面;④载物片:装载被观察的物体
望远镜	(1)原理:二次成像,先缩小,再放大 (2)结构:①物镜:焦距长,$u>2f$,$v≈f$,像在焦点外侧,成倒立、缩小的实像,口径尺寸大,便于会聚更多的光线,使成像更明亮;②目镜:焦距小,$u<f$,成正立、放大的虚像,以物镜所成实像为物体,进行第二次成像

针对训练

下列关于实像与虚像的说法错误的是(　　)

A.实像可以用光屏承接,而虚像不可以

B.实像是由实际光线会聚成的,而虚像是由实际光线的反向延长线会聚成的

C.实像一定是倒立的,而虚像一定是正立的

D.实像一定是缩小的,而虚像一定是放大的

答案:D

2.实像与虚像的区别

类别	定义	表现	能量	实例
实像	实际光线会聚而成	能被光屏接收,能用眼睛观察	有能量,能使胶片感光	照相机成像、投影仪成像、小孔成像
虚像	实际光线的反向延长线相交而成	不能被光屏接收,能用眼睛观察	无能量,不能使胶片感光	平面镜成像、放大镜成像、近视眼镜成像

3.显微镜与望远镜

比较项目		显微镜	望远镜
结构	目镜	一组透镜,作用相当于一个凸透镜	一组透镜,作用相当于一个凸透镜
	物镜	一组透镜,作用相当于一个凸透镜	一组透镜,作用相当于一个凸透镜

续表

比较项目		显微镜	望远镜
工作原理	物镜	成倒立、放大的实像;物体到物镜光心间的距离 $f<u<2f$;所成实像与光心间的距离 $v>2f$	成倒立、缩小的实像,物镜焦距长;口径越大越好,以便会聚更多光线成更明亮的像;物体到物镜光心间的距离 $u>2f$;所成实像与光心间的距离 $v \approx f$,在焦点外侧,靠近焦点
	目镜	以物镜所成实像为"物体"再次成像,实像与目镜光心间的距离 $u<f$;成正立、放大的虚像;像、"物"同侧,可以直接用眼睛看到	以物镜所成实像为"物体"再次成像,实像与目镜光心间的距离 $u<f$;成正立、放大的虚像;像、"物"同侧,可以直接用眼睛看到
使用方法		物体偏哪侧就往哪侧移物体;看到物体越大,观察面越小,光线越弱;看到物体越小,观察面越大,光线越强	物体偏向哪侧,则往其对侧移镜头;物镜尺寸越大,看得越远;物镜尺寸越小,看得越近

考霸笔记

意大利物理学家伽利略是第一位把望远镜指向天空的人。

1609 年,伽利略用自制的望远镜观察天体,以确凿的证据支持了哥白尼的"日心说"。

1990 年,科学家把哈勃空间望远镜送入太空,使人类观测宇宙的能力空前提高。

续表

比较项目	显微镜	望远镜
常见种类	光学显微镜、电子显微镜、扫描隧道显微镜	折射式望远镜(开普勒望远镜、伽利略望远镜)、反射式望远镜
视角	物体两端与眼睛光心之间的夹角,距离越远,视角越小;我们看到的物体的大小取决于视角的大小,视角大看到的物体大,视角小看到的物体小	
共同特点	目镜成正立、放大的虚像,可直接用眼睛看到	

考霸笔记

核心考点 4 眼睛和眼镜

1.眼睛的结构及基本功能

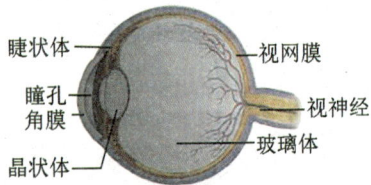

眼球的结构

眼球好像一架照相机,晶状体和角膜的共同作用相当于一个凸透镜,把来自物体的光会聚在视网膜上,形成物体的像。视网膜上的感光细胞受到光的刺激产生信号,视神经把这个信号传输给大脑,我们就看到了物体。

2.眼睛的视物原理

眼睛通过睫状体来改变晶状体的形状:当睫状体放松时,晶状体比较薄,远处物体射来的光刚好会聚在视网膜上,眼睛可以看清远处的物体;当睫状体收缩时,晶状体变厚,对光的偏折能力变大,近处物体射来的光会聚在视网膜上,眼睛就可以看清近处的物体。

3.看远处与近处物体时眼睛的调节变化

比较项目	看近处的物体	看远处的物体
睫状体	收缩	放松
眼部肌肉	张紧	松弛
晶状体	变凸、变厚	变长、变薄
眼球折射能力	变强	变弱
能够看到的最远点或最近点	离眼睛约 10 cm(近点)	无限远处(远点)

考霸笔记

甲　看远处的物体　　乙　看近处的物体

正常的眼睛调节

考霸笔记

依靠眼睛调节所能看清的最远和最近的两个极限点分别叫做远点和近点。正常眼睛的远点在无限远,近点在大约 10 cm 处。

正常眼睛观察近处物体最清晰而又不疲劳的距离大约是 25 cm,这个距离叫做明视距离。

4.视力矫正

视力问题	症状	产生原因	成像位置	矫正方法
近视眼	只能看清近处的物体	晶状体太厚,或眼球前后径过长	视网膜前方	佩戴凹透镜
远视眼	只能看清远处的物体	晶状体太薄,或眼球前后径太短	视网膜后方	佩戴凸透镜

5.眼睛与照相机的区别与联系

比较项目	眼睛	照相机
结构	角膜、晶状体(相当于一个凸透镜)	镜头(相当于一个凸透镜)
	视网膜(有感光细胞)	底片(有感光材料)
	瞳孔	光圈
成像	缩小、倒立、实像	缩小、倒立、实像
调节作用	像距不变,当物距变小(或变大)时,增大(或减小)晶状体的曲率以减小(或增大)焦距,使物体在视网膜上成清晰的像。实质是像距不变,改变焦距	焦距不变,当物距增大(或减小)时,减小(或增大)镜头与底片间的距离(即像距),使物体在底片上成清晰的像。实质是焦距不变,改变像距

考霸笔记

　　凹透镜的焦距为负值,因而近视镜片的度数为负数;凸透镜的焦距为正值,因而远视镜片的度数为正数。

专题十 质量与密度

核心考点 1 质量

1.质量及测量

定义	物理学中,物体所含物质的多少叫做质量,通常用字母 m 表示
属性	质量是物体本身的一种属性,它只与物体所含物质的多少有关,与物体的温度、物态、形状、运动状态、地理位置等因素均无关
单位	国际上通用的质量单位是千克,符号 kg。它等于保存在巴黎国际计量局内的国际千克原器的质量。1 dm³ 纯水的质量大约是 1 kg。常用的质量单位还有 t、g、mg,它们之间的换算关系是:1 t = 10^3 kg,1 kg = 10^3 g,1 g = 10^3 mg
测量工具	实验室中常用天平测物体的质量,其他还有案秤、台秤、杆秤、电子秤等测量工具

考霸笔记

物体是指具有一定形状、占据一定空间、有体积和质量的实物,而物质是指构成物体的材料。

天平的使用	(1)放:将天平放在水平工作台上
	(2)移:使用前将游码移至称量标尺的"0"刻度线处
	(3)调:调节横梁上的平衡螺母,使指针指在分度标尺的中央刻线处,这时横梁平衡。调节平衡螺母的方法可归结为"螺母反指针",也就是当指针向右偏,应将横梁上的平衡螺母向左调,即螺母调的方向与指针偏转的方向相反
	(4)称:称量时,把被测物体放在左盘,估计一下被测物体质量后,用镊子按"先大后小"的顺序向右盘中依次试加砝码,如果添加最小的砝码嫌大,而退出这个最小的砝码又嫌小,这时应退出最小的砝码,再调节游码在称量标尺上的位置,直到天平指针指在分度标尺的中央刻线处。特别注意:被测物体和砝码的位置是"左物右码"
	(5)读:右盘里砝码的总质量加上称量标尺上游码的示数值,就是被测物品的质量;游码的示数值以游码的左侧对齐格数为准;在使用天平时,若不小心按"左码右物"的方式放置,那么被测物品的质量应等于砝码质量之和减去游码在标尺上的示数值
	(6)收:测量完毕,将砝码放回盒子,游码归零(游码拨回标尺的"0"刻线处)

2.一些物体的质量

物体	质量/kg	物体	质量/kg
流感病毒	约 10^{-19}	成人	$(4\sim 9)\times 10$
细菌	约 10^{-11}	大象	可达 6.0×10^{3}
大头针	约 8.0×10^{-5}	鲸	可达 1.5×10^{5}
一元硬币	约 6×10^{-3}	大型远洋货轮	约 10^{7}
苹果	约 1.5×10^{-1}	地球	6.0×10^{24}
新生儿	$2\sim 5$	太阳	2.0×10^{30}

核心考点 2　密度

1.密度

定义	物体质量与体积之比		
公式	$\rho = \dfrac{m}{V}$	变形式	$m=\rho V;V=\dfrac{m}{\rho}$
单位	国际单位：千克每立方米（kg/m³）。 也可用克每立方厘米（g/cm³）	关系	$1\ g/cm^{3}=1\times 10^{3}\ kg/m^{3}$

考霸笔记

档案千克

　　1791年，法国为了改变计量制度的混乱情况，在规定了长度的单位米的同时，在米的基础上规定了质量单位，即规定4 ℃的1 dm³纯水的质量为1 kg，并且用铂制作了标准千克原器，保存在法国档案局。因此，这个标准千克原器也叫"档案千克"。

续表

物性	密度是物质的一种特性,不同的物质密度一般不同,同一种物质的密度还与状态有关

考霸笔记

不同物质的密度一般不同,可以根据密度来鉴别物质。如果仅通过密度无法鉴别,就需要根据物质的其他性质,如颜色、气味、硬度、电学特性等进一步鉴别。

2.密度的应用

应用	适用范围	方法
求物体的质量	不便于直接称量质量的物体	(1)查出该物质的密度 ρ,测出体积 V (2)根据 $\rho = \dfrac{m}{V}$ 的变形公式 $m = \rho V$ 可求出质量
求物体的体积	形状不规则或不便于直接测量体积的物体	(1)查出该物体的密度 ρ,用天平测出其质量 m (2)根据 $\rho = \dfrac{m}{V}$ 的变形公式 $V = \dfrac{m}{\rho}$ 求出体积
求物质的密度	鉴别物质	(1)根据 $\rho = \dfrac{m}{V}$ 算出物质的密度 (2)对照密度表,鉴别是什么物质

3.用天平和量筒测量小石块的密度

目的	利用天平和量筒测量小石块的密度

续表

原理	$\rho = \dfrac{m}{V}$
步骤	(1)用天平测出小石块的质量 m (2)在量筒内注入适量的水,记下水的体积 V_1;用细线系住石块,使其慢慢地浸没在量筒的水中,记下水面到达的位置 V_2,则石块的体积 $V = V_2 - V_1$ (3)计算石块的密度 $\rho = \dfrac{m}{V_2 - V_1}$

石块的质量 m/g	量筒内水的体积 V_1/cm^3	水和石块的总体积 V_2/cm^3	石块的密度 $\rho/(\text{g} \cdot \text{cm}^{-3})$

4.用天平和量筒测量盐水的密度

目的	利用天平和量筒测量盐水的密度
原理	$\rho = \dfrac{m}{V}$
步骤	(1)把天平放在水平台上,调节天平平衡 (2)在烧杯中盛适量盐水,称出它们的总质量 m_1 (3)把烧杯中的部分盐水倒入量筒中一部分,记下量筒中盐水的体积 V (4)称出烧杯和剩余盐水的总质量 m_2

考霸笔记

测量物理体积的方法

(1)测量液体的体积。直接用量筒(杯)来测量。

(2)测量形状规则固体的体积。用刻度尺测出几何尺寸,再利用体积公式求得。

(3)测量形状不规则的固体的体积(排水法)。首先在量筒中倒入适量的水,记下体积 V_1;再用细线拴住固体,慢慢浸没在量筒的水中,记下体积 V_2;最后利用 $V = V_2 - V_1$,求得固体体积。

(4)测量密度小于水的固体体积:①重物法;②针压法。

续表

步骤	(5)利用密度公式 $\rho = \dfrac{m}{V} = \dfrac{m_1 - m_2}{V}$，求出盐水的密度

	盐水和烧杯的总质量 m_1/g	量筒内盐水的体积 V/cm³	烧杯和剩余盐水的质量 m_2/g	盐水的密度 ρ/（g·cm⁻³）

考霸笔记

水管为什么会被冻裂？

同样质量的水和冰，由于水的密度大于冰的密度，所以冰的体积大于水的体积，同时，水管由于热胀冷缩，会收缩。这两方面的原因共同造成了水管的破裂。

5.一些物体的密度

（1）固体的密度（常温常压）：

物质	密度/（kg·m⁻³）	物质	密度/（kg·m⁻³）
铂	21.4×10^3	铝	2.7×10^3
金	19.3×10^3	花岗岩	$(2.6 \sim 2.8) \times 10^3$
铅	11.3×10^3	砖	$(1.4 \sim 2.2) \times 10^3$
银	10.5×10^3	冰（0 ℃）	0.9×10^3
铜	8.9×10^3	蜡	0.9×10^3
钢、铁	7.9×10^3	干松木	0.5×10^3

（2）液体的密度（常温常压）：

物质	密度/($kg \cdot m^{-3}$)	物质	密度/($kg \cdot m^{-3}$)
水银	13.6×10^3	植物油	0.9×10^3
硫酸	1.8×10^3	煤油	0.8×10^3
海水	1.03×10^3	酒精	0.8×10^3
纯水	1.0×10^3	汽油	0.71×10^3

（3）气体的密度（0 ℃，标准大气压）：

物质	密度/($kg \cdot m^{-3}$)	物质	密度/($kg \cdot m^{-3}$)
二氧化碳	1.98	一氧化碳	1.25
氧	1.43	氨	0.18
空气	1.29	氢	0.09

专题十一　力

核心考点 1　力的认识

1.力和力的三要素

考霸笔记

在物理学中,物体由静止开始运动或由运动变为静止、物体运动的快慢、物体的运动方向发生改变,这几种情况都叫做"物体的运动状态"发生了变化。

一个物体对另一个物体施力时,另一个物体也同时对它施加力的作用,也就是说,物体间力的作用是相互的。例如,我们提水桶时,手会感到水桶向下的拉力。

力及力的相互性	力是物体对物体的作用,物体间力的作用是相互的: (1)必须有两个或两个以上的物体才能产生力的作用,单独一个物体不能产生力 (2)产生力的作用与否跟两个物体是否接触无关,相互接触的物体之间可能没有力的作用,相互不接触的物体之间可能产生力的作用,这是由力的性质决定的
单位	力的单位是牛顿,符号 N,简称牛。用手拿起两个鸡蛋所用的力约是 1 N,一个中学生站立在地面上时对地面的压力约是 500 N

续表

测量	所用工具是测力计(实验室常用弹簧秤)
作用效果	(1)力可以改变物体的形状 (2)力可以改变物体的运动状态
三要素	大小、方向和作用点叫力的三要素,它们均影响力的作用效果
力的表示方法	力的示意图是用一根带箭头的线段表示力,线段的起点或末点表示力的作用点,箭头表示力的方向

2.力的三要素对力的作用效果的影响

考霸笔记

（1）力的三要素中有一个因素变化，力的作用效果也将发生变化。例如：在开门时，手推门的部位（即作用点）不同时，推力的效果也就不同；人拉车前进时，拉力的方向不同，车前进的效果也不同；将钢尺压弯时，压力的大小不同，钢尺压弯的程度也不同。

（2）两个完全相同的力必须是三要素完全相同。

（3）力的三要素都影响力的作用效果，因此表述一个力必须把这个力的三要素都指明。

力的三要素	事例	效果
力的大小	用一个较小的力和一个很大的力踢球	用力小时球运动得慢且踢出距离近；用力大时球运动得快且踢出距离远
	一个小孩提一桶水没提动，一个大人轻松地提起来	用力小时桶不能被提起；用力大时桶能被提起
	用一个较小的力压直尺与用一个较大的力压直尺	用较小的力压直尺时，尺弯曲的程度小；用较大的力压直尺时，尺弯曲的程度大
力的方向	向前推车与向后拉车	向前推车车向前运动；向后拉车车向后运动
	向东踢球与向南踢球	向东踢球，球向东运动；向南踢球，球向南运动
	向上压直尺与向下压直尺	向上压直尺，直尺向上弯曲；向下压直尺，直尺向下弯曲

续表

力的三要素	事例	效果
力的作用点	在课桌上放一瓶胶水,用力推胶水瓶的上部与下部	推胶水瓶上部,胶水瓶被推倒;推胶水瓶下部,胶水瓶向前运动
	桌面上伸出一段钢尺,用大小相同的力压其根部与端部	相同的力压钢尺端部比压其根部钢尺弯曲的程度大
	推门时推门边侧与内侧	同样推开门,推门内侧用力大,推门边侧用力小

核心考点 2　重力

1.重力

定义	由于地球对物体的吸引而产生的力
方向	总是竖直向下
作用点	重心
施力物体	地球

考霸笔记

重力的示意图

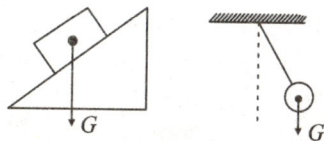

重力的示意图

注意:重力的方向始终竖直向下!

续表

大小	计算公式:$G=mg$,即物体的重力与它的质量成正比,$g=9.8$ N/kg,表示1 kg的物体所受的重力是9.8 N	
应用	(1)由于重力的方向总是竖直向下的,人们做成了铅垂线,用铅垂线来检查工作平台是否水平,检查墙壁砌得是否竖直,墙壁上的画挂得是否正,等等 (2)提高物体稳定程度的方法:降低重心,增大支持面	

2.重力与质量的区别与联系

关系	物理量	质量	重力
区别	概念	物体所含物质的多少	由于地球的吸引而产生的力
	符号	m	G
	性质	只有大小,没有方向	既有大小,也有方向,且方向总是竖直向下
	单位	千克(kg)	牛顿(N)
	大小与地理位置的关系	同一物体在任何位置质量大小均不变	物体的重力随位置的变化而变化,从赤道到两极重力逐渐增大

续表

关系	物理量	质量	重力
区别	计算公式	$m=\rho V$	$G=mg$
	测量工具	天平、杆秤、台秤等	测力计
联系		重力与质量的关系式是 $G=mg$，$g=9.8$ N/kg	

核心考点 **3** 弹力

1.弹力

定义	物体由于发生弹性形变而产生的力
方向	弹力的方向有如下规律： (1)手拉长弹簧时，弹力的方向与弹簧拉长的方向相反 (2)压力的方向、支持力(弹力)的方向与受压物体的表面垂直
大小	(1)胡克定律：在弹性限度内，弹簧伸长(或缩短)的长度与外力的大小成正比 (2)弹力的大小等于外力的大小，方向与外力方向相反 (3)公式：$F=k\Delta L$，F 为弹簧弹力，k 为比例系数，ΔL 为弹簧伸长(或缩短)量。当 L 为弹簧伸长后的长度时，$F=k(L-L_0)$，L_0 为弹簧原长；当 L 为弹簧缩短后的长度时，$F=k(L_0-L)$。 (4)在弹簧弹性限度内，弹簧的伸长(或缩短)长度越大，弹簧产生的弹力就越大

考霸笔记

弹力的特点

(1)弹力产生在直接接触并发生弹性形变的物体之间，任何物体只要发生弹性形变就一定会产生弹力。

(2)弹力方向总是与作用在物体上的使物体产生形变的外力方向相反。

(3)弹力的大小与物体的弹性强弱、形变大小有关，形变越大，弹力越大，形变消失弹力也随之消失。

2.弹性和塑性

考霸笔记

(1)测力时,如果指针在零刻度线以上或者以下,就会产生误差。指针在零刻度线以上,测出来的力比实际的力小,反之在零刻度线以下,测出来的力比实际的力大。

(2)如果弹簧测力计侧放,会使测量数值偏小。

(3)弹簧的伸长与拉力成正比的规律是有一定的限度的,即加在弹簧上的力不能太大。当拉力大到一定值以后,即超出弹簧的弹性限度后,弹簧的伸长就不再与拉力成正比,甚至无法恢复原状。弹簧测力计的量程就是弹簧测力计允许测量的力的最大值。

比较项目	物体受力后的形状	撤去力后的形状	概念
弹性	用力折一把钢尺使它变弯	撤去压力,钢尺恢复原状	弹簧、橡皮筋、钢尺等受力会发生形变,不受力时又恢复到原来的形状,物体的这种性质叫做弹性
	把橡皮筋拉长	松手后橡皮筋恢复原长	
	健身拉力器用力时被拉长	松手后拉力器恢复原长	
塑性	用力压橡皮泥,橡皮泥被压扁	撤去压力,橡皮泥不能恢复原状	有些物体发生形变后不能自动地恢复到原来的形状,物体的这种性质叫做塑性
	用脚踩在沙滩上,沙滩上留下足印	撤去力后,沙滩不能恢复原状	

3.弹簧测力计的使用

原理	在一定弹性限度内,弹簧受到的拉力越大,弹簧的伸长量就越长,或者说在一定的弹性限度内,弹簧的伸长长度与受到的拉力成正比

续表

使用	(1)了解弹簧测力计的测量范围(量程),不要测量超过它测量范围的力
	(2)明确分度值:了解弹簧测力计的刻度,每一大格表示多少牛,每一小格表示多少牛
	(3)校零:测力前要使指针对准零刻度线
	(4)测力时,要使拉力的方向与测力计内的弹簧轴线方向一致,以免弹簧与外壳摩擦
应用	(1)测重力:把物体挂在竖直放置的弹簧测力计的钩上,当物体静止时,弹簧测力计的示数就等于物体所受的重力
	(2)测滑动摩擦力:把物体放在水平面上,用弹簧测力计沿直线水平匀速拉动物体,弹簧测力计的示数就等于物体与水平面间的滑动摩擦力
	(3)测拉力:在测动滑轮或滑轮组自由端的拉力时,将绳一端挂在弹簧测力计的钩上,竖直向上(下)匀速拉动弹簧测力计,此时的示数就是作用在绳子自由端的拉力

考霸笔记

"相对运动方向"不是"运动方向"。我们以人走路时地面与鞋底间的摩擦力为例来说明这个问题。人走路时,脚用力向后蹬地,脚相对地面向后运动,摩擦力阻碍了脚向后运动,但有利于脚向前运动,因此地面给鞋底的摩擦力方向是与人的运动方向相同的。由此说明,摩擦力有时阻碍运动,有时有利于运动,但无论哪种情况,必与相对运动方向相反。

核心考点 4 摩擦力

1.摩擦力

概念		来自接触面间的阻碍物体相对运动(趋势)的力
分类	滑动摩擦力	两个相互接触的物体,当它们相对滑动时,在接触面上产生一种阻碍物体相对运动的力,这种力叫做滑动摩擦力
	滚动摩擦力	两个相互接触的物体,当它们相对滚动时,在接触面上产生一种阻碍物体相对运动的力,这种力叫做滚动摩擦力
	静摩擦力	两个相互接触的物体,当一个物体相对另一个物体有运动趋势时,在接触面上产生一种阻碍相对运动趋势的力,这种力叫做静摩擦力
影响滑动摩擦力大小的因素		影响因素只有两个: (1)与物体接触面的粗糙程度有关,压力一定时,接触面越粗糙,滑动摩擦力越大 (2)与接触面受到的压力的大小有关,在接触面的粗糙程度一定时,压力越大,滑动摩擦力越大

续表

方向	(1)滑动(滚动)摩擦力方向与物体相对运动方向相反 (2)静摩擦力方向与物体相对运动趋势的方向相反	
	增大方法	减小方法
增大与减小摩擦力的方法	①增大接触面的粗糙程度；②增大物体间的压力；③变滚动摩擦为滑动摩擦	①减小接触面的粗糙程度；②减小物体间的压力；③变滑动摩擦为滚动摩擦；④在接触表面加润滑油；⑤利用压缩气体在物体接触表面间形成一层气垫

2.探究影响滑动摩擦力大小的因素

提出问题	在地面上推箱子时,发现有时省力,有时费力,这是因为摩擦力大小不同的缘故。那么,摩擦力的大小与什么因素有关呢
猜想假设	影响滑动摩擦力大小的因素可能有:①接触面所受的压力；②接触面的粗糙程度
实验装置	 甲　　　　乙　　　　丙

在探究"滑动摩擦力的大小与什么因素有关"这个问题时用到的是控制变量法。为了探究摩擦力大小与压力大小和接触面的粗糙程度是否有关,先使木块在同一木板上面滑动,即保持了接触面的粗糙程度这一个量相同,改变压力的大小,看滑动摩擦力是否改变；然后保持压力这一个物理量相同,改变接触面的粗糙程度,让木块在垫有光滑塑料垫板或棉布或砂纸的木板上滑动,测出摩擦力的大小。根据测出的数据进行判断得出滑动摩擦力的大小与压力大小和接触面的粗糙程度有关的结论。

实验步骤	(1)如图甲所示,把木块放在水平长木板上,用弹簧测力计沿水平方向缓慢匀速地拉动木块,此时弹簧测力计的读数即为木块与木板间的滑动摩擦力 (2)在木块上放一个砝码,再匀速拉动木块,如图乙所示,记下弹簧测力计的读数,并与实验步骤(1)中弹簧测力计拉力大小相比较 (3)如图丙所示,在水平长木板上垫一层光滑塑料垫板或棉布或砂纸,再匀速拉动木块记下弹簧测力计的读数,并与实验步骤(1)中弹簧测力计拉力大小相比较
探究结论	滑动摩擦力的大小跟两个因素有关:一是跟接触面所受的压力大小有关;二是跟接触面的粗糙程度有关。接触面所受的压力越大,接触面越粗糙,滑动摩擦力越大

专题十二 运动和力

核心考点 1 牛顿第一定律

1.牛顿第一定律

（1）内容：

一切物体在没有受到力的作用时,总保持静止状态或匀速直线运动状态,这就是著名的牛顿第一定律,也叫惯性定律。

（2）两个结论：

1）力是改变物体运动状态的原因。

2）物体的运动不需要力来维持。

考霸笔记

牛顿第一定律是在大量经验事实的基础上,通过分析推理得出的,不能用实验来直接验证。

(3)四个关键词:

一切	"一切"说明该定律对于所有物体都是普遍适用的,不是特殊现象
没有受到力的作用	"没有受到力的作用"是该定律成立的条件。实际上,不受任何外力的物体是没有的,但不能否定其正确性,因为我们总可以找到在某一方向上不受外力或某一方向上受力为零的情况,这种情况就是牛顿第一定律中所说的"没有受到力的作用"
总	"总"指的是总是这样,没有例外
或	"或"指两种状态必居其一,不能同时存在,也就是说物体如果不受外力作用时,原来静止的物体仍保持静止状态,而原来处于运动状态的物体会保持原来的速度的大小和方向做匀速直线运动,一直到有外力改变这种状态

2.惯性

(1)定义:

一切物体都有保持原来运动状态不变的性质,我们把这种性质叫做惯性。

(2)对惯性的理解:

惯性的普遍性	一切物体都具有惯性。一切物体是指无论是固体、液体,还是气体,无论物体质量是大还是小,无论是静止还是运动,无论受不受力都具有惯性

考霸笔记

利用惯性鉴别生、熟鸡蛋

把一只熟鸡蛋和一只生鸡蛋都放在水平桌面上,用同样大小的力分别使它们在桌面上绕竖直轴水平旋转,然后用手按住熟鸡蛋立即释放,发现熟鸡蛋静止了;用手按住生鸡蛋立即释放,发现生鸡蛋沿原来方向继续转了几圈。这是因为熟鸡蛋蛋壳内的物质与鸡蛋壳连在一起,用手按住立即静止,而生鸡蛋的蛋黄与蛋壳间有蛋清,用手按住转动的生鸡蛋,蛋内的蛋黄由于惯性还要继续转动,所以手松开后,整个生鸡蛋又继续转了几圈。

续表

惯性大小的决定因素	惯性是由物体质量决定的,质量越大,惯性越大,与物体所受的外力、运动状态无关。惯性是自然界中一切物体固有的属性
惯性与力的区别	惯性是物体的一种属性,它不是力。力是物体对物体的作用,发生力的作用时,必然要涉及两个相互作用的物体,单独一个物体不会出现力的作用。惯性是每个物体都有的,不需要两个物体的相互作用,惯性只有大小,没有方向

3.惯性与惯性定律的区别

惯性	惯性是指物体保持静止状态或匀速直线运动状态的性质,是物体的固有属性,一切物体都具有惯性。惯性与物体是否受外力、处于何种状态无关
惯性定律	惯性定律即牛顿第一定律,是描述物体在不受外力作用时,由于具有惯性而表现出来的一种运动规律。它的实质是说明力不是维持物体运动的原因,力是改变物体运动状态的原因

核心考点 **2** 二力平衡

1.二力平衡

判断一对力是否是平衡力,有两种方法:一是根据二力平衡条件判断,只要两个力"同体、等大、反向、共线",那么,这两个力就是一对平衡力;二是根据物体的运动状态是否改变来判断,如果物体在某一方向上受到一对力而运动状态保持不变,那么这一对力就是平衡力,反之,就不是平衡力。

定义		物体在受到两个力作用时,如果保持静止或匀速直线运动状态,我们就说这两个力彼此平衡,物体处于平衡状态
平衡状态		物体处于静止或匀速直线运动状态
平衡条件		(1)这两个力必须同时作用在同一物体上
		(2)这两个力必须作用在同一条直线上
		(3)这两个力必须大小相等
		(4)这两个力必须方向相反
		简记为"同体、等大、反向、共线",且缺一不可
与相互作用力的区别	平衡力	两力作用在同一物体上;只有物体处于平衡状态下,才可能处于二力平衡;去掉一个力,另一个力可仍然存在,并且可以是不同性质的力
	相互作用力	两力分别作用于对方的物体上;只要物体间存在相互作用,就一定有相互作用的两个力;两力一定同时产生,同时消失,一定是同一种性质的力

2.对二力平衡的理解

知识要点	关键总结	注意问题
平衡状态	物体静止或做匀速直线运动	物体在运动时也可能处于平衡状态
二力平衡条件	大小相等,方向相反,作用在同一物体上,作用在同一直线上	与作用力与反作用力的主要区别为是否作用在同一物体上
二力平衡条件的应用	根据物体处在平衡状态,可分析判断物体所受合力为零	已知其中一个力可求出另一个力
概念分析法	平衡力的四个条件:同体、等大、反向、共线	四个条件必须同时满足

考霸笔记

二力平衡的应用

(1)用弹簧测力计测量物体所受重力时,就是利用二力平衡条件。

(2)放在桌面上的花瓶受到竖直向下的重力和桌面对它竖直向上的支持力,二力平衡。

(3)悬挂着的吊灯,受到竖直向下的重力和吊线对它竖直向上的拉力,二力平衡。

(4)在水平道路上做匀速直线运动的汽车,水平方向受到向前的牵引力和向后的阻力,二力平衡。

(5)在竖直方向,汽车受到向下的重力和路面对它向上的支持力,二力平衡。

专题十三　压强与液体压强

核心考点 1　压强

考霸笔记

压力产生的条件:只有相互接触且又发生挤压的物体之间才有压力。

压力的方向:压力的方向与受力物体的表面即支撑面互相垂直且指向受压物体。

1.压力

事例	图示	三个力的共同点
放在水平桌面上的杯子对桌面的作用力 F_1		垂直于作用面(即接触面)并指向受压物体
手指按墙,手指对墙面的作用力 F_2		
放在斜面上的物体对斜面的作用力 F_3		

2.压力与重力的区别与联系

关系		重力	压力
区别	定义	物体由于地球的吸引而产生的力	垂直作用在物体表面上的力
	产生原因	由于地球的吸引而使物体受到的力	物体相互挤压而产生的力
	方向	竖直向下	垂直于被压物体表面并且指向被压物体内部
	大小	$G=mg$	—
	性质	重力	弹力
	作用点	物体的重心	被压物体的表面
	施力物体	地球	另一物体
	受力物体	地面附近的物体	被挤压的物体
联系		物体在水平支持面上,在竖直方向只受重力和支持力且物体处于平衡状态时,$F=G$	

特别提示:

压力不一定是由于物体受到重力而产生的,物体由于受到重力作用,可以产生压力,但压力的大小不一定等于物体的重力大小

考霸笔记

对于静止在水平面上、密度均匀的柱形固体来说,压强 $P = \dfrac{F}{S} = \dfrac{G_物}{S} = \dfrac{m_物 g}{S} = \dfrac{\rho_物 gSh}{S} = \rho_物 gh$。

针对训练

请试着解释一下"小小的蚊子能轻而易举地用口器把皮肤刺破,而重重的骆驼却不会陷入沙中"的原因吧。

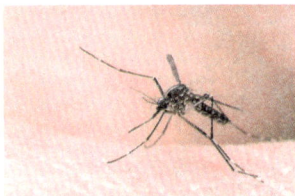

蚊子尖尖的口器可以插入皮肤

骆驼宽大的脚掌不会陷入沙中

3.压强

压强	定义:物体单位面积上受到的压力,叫做压强,用符号"p"来表示
	单位:帕斯卡,简称帕,用符号"Pa"表示
	公式:$p = \dfrac{F}{S}$
	说明:(1)公式中 F 的单位用牛顿(N),S 的单位用平方米(m^2),p 的单位是帕斯卡(Pa),即 $1\ Pa = 1\ N/m^2$ (2)该公式是压强的定义式,适用于固体、液体和气体
	公式变形:(1)求压力:$F = pS$ (2)求受压面积:$S = \dfrac{F}{p}$

4.增大或减小压强的方法

增大压强	(1)压力大小不变,减小受力面积,压强增大。例如:①刀刃越锋利,接触面积越小,压强越大,越便于切割物品;②冰刀是减小受力面积,增大对冰的压强,加快刀口下冰融化成水的速度,起着润滑作用,以减小滑冰时的阻力;③钉子、箭头、缝衣针和饮料吸管等有锐利尖端,都可以增大压强
	(2)受力面积不变,增大压力,压强增大。例如:①压路机的轮子很重,增大压力,压强增大,路面压得越实;②用力按图钉,用的力越大,压强就越大,越容易按进物体内

续表

减小压强	(1)压力大小不变,增大受力面积,压强减小。例如:①重型卡车的车轮多,可以减小压强;②推土机、坦克、拖拉机的履带宽大,可以减小压强;③滑雪运动员的滑雪板,可以减小压强;④铁轨铺枕木,可以减小压强;⑤盖房子要打宽的地基,可以减小压强
	(2)在受力面积不变时,减小压力,压强减小。例如:仓库内叠放货物时,易破易碎物不能叠放太高,就是为了通过减小压力来减小压强

核心考点 2　液体的压强

1.液体的压强

基本概念	由于液体受重力,因此液体内部存在压强,叫做液体的压强
基本规律	(1)液体压强的大小与液体的深度有关,同一液体中,液体的深度越深,液体压强越大
	(2)液体压强的大小与液体的密度有关,同一深度处,液体的密度越大,液体压强越大
	(3)液体对容器的底有压强,对容器的侧壁也有压强
	(4)在液体内同一深度,液体向各个方向都有压强,且压强大小相等

考霸笔记

　　在液体压强公式中 h 表示深度,而不是高度。判断出 h 的大小是计算液体压强的关键,如图所示,图甲中 A 点的深度为 30 cm,图乙中 B 点的深度为 40 cm,图丙中 C 点的深度为 50 cm。

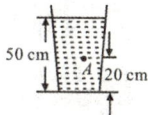

甲

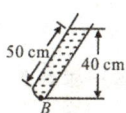

乙

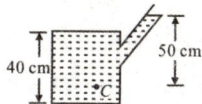

丙

续表

考霸笔记

帕斯卡裂桶实验

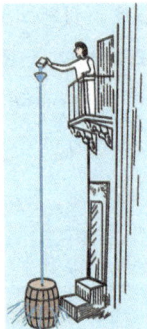

帕斯卡在 1648 年进行了一个著名的实验:他在一个密闭、装满水的桶的桶盖上插入一根细长的管子,从楼房的阳台上向细管子里灌水,结果只用了几杯水,就把桶压裂了,桶里的水从裂缝中流了出来。原来,由于细管子的容积较小,几杯水灌进去,其深度很大,使压强增大,便将桶压裂了。

基本规律	(5)液体压强的大小与放入其中的物体的密度无关,与液体的多少无关,与容器的形状无关
基本公式	$p=\rho gh$,式中 ρ 为液体的密度,单位为千克每立方米(kg/m^3);$g=9.8\ N/kg$;h 为液体的深度,即液体内某一点到液面的距离 说明:从公式可看出,液体压强的大小只与液体的密度和液体的深度有关,与其他因素无关
连通器	上端开口、下端连通的容器叫连通器,静止在连通器内的同一种液体,各部分直接与大气接触的液面总是保持在同一高度
液体压强的应用	①茶壶、水壶;②锅炉水位计;③过路涵洞;④病人输液时,输液瓶挂在高处,深度大,压强大
液体压强的防护	①修建水坝时,水坝的下部总要比上部修建得宽些;②深海潜水必须穿上特制的潜水服

2.实验探究液体内部压强与哪些因素有关

提出问题	液体内部有压强吗?有没有向侧面的压强或向上的压强?液体内部压强的大小跟什么因素有关

续表

猜想假设	液体内部有压强,且有向各个方向的压强;液体内部的压强大小跟深度有关;不同液体的压强跟密度有关
实验装置	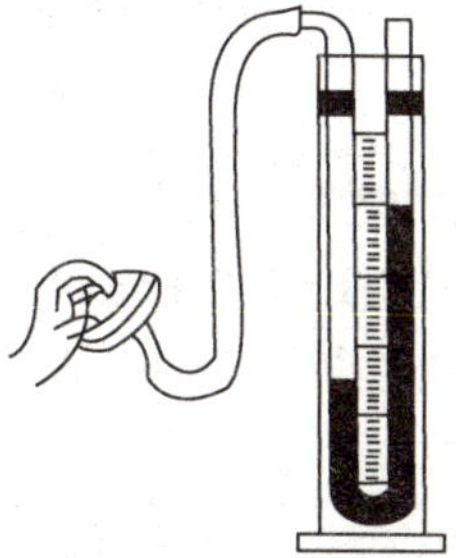
实验步骤	(1)如图所示,观察压强计的构造,熟悉它的使用方法。用手指轻轻按金属盒上的橡皮膜,橡皮膜受到手指按压(即压强的作用)。观察压强计U形管两边液面高度有何变化(橡皮膜受到的压强作用,传递给密闭金属盒和胶管里的空气,然后作用在U形管左端的液面上)。手指按橡皮膜的压力稍有增加,观察发生的现象 (2)将水倒入水槽,把压强计的金属盒放入水中,观察U形管两边液面是否出现高度差,判断水的内部是否存在压强

实验步骤	(3)保持压强计金属盒所在的深度不变,使橡皮膜朝上、朝下或朝任何侧面,分别记下 U 形管两边的液面位置,并求出液面高度差,记录数据 (4)改变金属盒的深度,分别求出压强计的液面高度差,并记录实验数据 (5)比较深度相同,但密度不同的液体的压强,并记录实验数据
探究结论	液体压强的特点:①液体对容器底和侧壁都有压强,液体内部向各个方向都有压强;②液体的压强随深度增加而增大;③在同一深度,液体向各个方向的压强相等;④不同液体的压强跟密度有关,深度一定时,液体密度越大,压强越大

专题十四　大气压强

核心考点 **1**　大气压强

1.大气压强的存在

定义	大气对浸在它里面的物体的压强叫做大气压强,简称大气压或气压
产生原因	包围地球的空气受到重力的作用,而且能够流动,因而空气对浸在它里面的物体产生压强,空气内部向各个方向都有压强,且空气中某一点向各个方向的压强大小相等
存在证明	①马德堡半球实验;②覆杯实验;③铁桶瘦身实验;④瓶吞鸡蛋实验
应用	生活中:吸管、钢笔吸墨水、针管吸药液、吸盘等
	生产中:活塞式抽水机、离心式水泵等

考霸笔记

饮料是被"压进"嘴里的

　　用吸管喝饮料,当用力吸吸管时,吸管内的压强减小,饮料就在外界大气压的作用下被压进吸管,从而喝到饮料,而并非我们平常说的吸进。

2.实验探究大气压的存在

1654 年,在德国马德堡市的广场上做的马德堡半球实验,有力地证明了大气压强的存在。

实验探究	现象	解释
拿一空铁皮罐,放少许水,烧开后把开口堵住,再浇上冷水	盖紧盖子的铁皮罐变瘪了	水沸腾后,盖紧罐口并用冷水浇,罐内水蒸气受冷液化为水,气压大大降低,铁皮罐在罐外大气压的作用下瘪了
准备一个玻璃瓶和剥了壳的熟鸡蛋,先在玻璃瓶底铺层沙子,再点燃浸过酒精的棉花放入瓶内,最后迅速将鸡蛋堵住瓶口 甲 乙 丙	熟鸡蛋被吞进瓶中	堵上熟鸡蛋后,由于酒精棉球燃烧,消耗瓶内氧气,使瓶内空气压力减小,在大气压的作用下,鸡蛋被压入瓶中
先将杯子灌满水,然后把硬纸片盖在杯子上,最后迅速把杯子翻过来 甲 乙 丙	硬纸片掉不下来	硬纸片之所以掉不下来是因为杯内装满水,排出了空气,杯内水对硬纸片的压强小于大气压强,在大气压的作用下,硬纸片被托住了

3.与气体压强有关的因素

关系	规律	应用说明
大气压与高度的关系	大气压随海拔高度的增大而减小	由于大气压是大气层受到重力作用而产生的,因此离地面越高,空气越稀薄
大气压与天气、季节的关系	一般晴天比阴天的气压高,冬季比夏季气压高	空气中水蒸气含量越大,气压越低
液体沸点与气压的关系	一切液体的沸点都是随气压的增大而升高,随气压减小而降低	在青藏高原上,水的沸点仅在80 ℃左右;家用压力锅内水的沸点可达120 ℃左右
气体压强与体积的关系	一定质量的气体,在温度不变时,体积越小,压强越大,体积越大,压强越小	打气筒打气

核心考点 2　流体的压强

1.流体的压强

流体	具有流动性的液体和气体统称为流体

考霸笔记

生活中跟流体的压强相关的现象:

(1)窗外有风吹过,窗帘向窗外飘。

(2)对着两张平行拿着的纸吹气,纸向中间靠拢。

(3)汽车开过后,路面上方尘土飞扬。

(4)踢足球时的"香蕉球"、打乒乓球时的"旋转球"等。

续表

流体的压强与流速的关系	流体流速大的地方压强小,流速小的地方压强大
流体压强的防范	(1)高速行驶的火车在车厢周围造成很强的气流,会对旁边的物体产生很大的压强差,因而产生压力差,这个压力差会把人压向列车,所以人们必须站在安全线以外的区域候车,否则容易发生伤亡事故 (2)两船交汇时,船速不能快,否则由于船与船之间水流速度快,压强小,使船内外侧产生很大的压强差,因而有压力差,容易发生撞船事故
流体压强的应用	飞机的升力:飞机机翼通常做成上表面凸起、下表面平直的流线型。当飞机在机场跑道上滑行时,机翼与周围的空气发生相对运动,相当于气流迎面流过机翼。机翼上方的空气流速大,压强小;而机翼下方的空气流速小,压强大。这样,飞机机翼上、下方存在着压强差,因而有压力差。其所受的压力差形成向上的升力,当飞机滑行的速度达到一定值时,机翼所受的升力超过飞机的自重,飞机就起飞了

2.实验探究流体压强与流速的关系

实验探究	实验装置图	现象	分析
在两支筷子中间放上两个乒乓球,用吸管向中间吹气		两个乒乓球向中间滚动	乒乓球向中间靠拢,说明乒乓球外侧所受气体的压强大,内侧受到的气体的压强小
在水面上放两只小纸船,用水管向两船中的水域冲水		小纸船向中间靠拢,几乎靠在一起	小纸船向中间靠拢,说明纸船外侧所受液体的压强大,内侧受到的液体压强小
对着两张平行拿着的纸吹气		纸向中间靠拢	纸向中间靠拢,说明纸外侧所受气体的压强大,内侧受到的压强小
把一纸条放在嘴边,用力从纸条上方向前吹气		纸条就会向上飘起来	纸条飘起来,说明纸条上面压强小,纸条下面的大气压强把纸条顶起来的

犬鼠洞的风向

　　非洲草原犬鼠的洞穴有两个出口,一个是平的,而另一个则是隆起的土堆。有风经过时,相同时间内,经过平的通道时空气流速小,压强大;经过凸的通道时,空气流速大,压强小,洞中出现压强差,使空气顺利进入洞穴。故洞穴内的风应是从左向右。

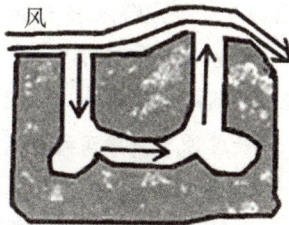

专题十五　浮力

核心考点 1　　浮力

1.浮力

定义	浸在液体或气体中的物体，受到一个竖直向上托的力，这个力叫做浮力
浮力的方向	总是竖直向上
浮力的大小	等于被物体排开的那部分液体或气体所受的重力
浮力的施力物体	液体或气体
阿基米德原理	浸在液体中的物体受到向上的浮力，浮力的大小等于它排开的液体所受的重力。阿基米德原理不仅适用于液体，也适用于气体

2.浮力产生的原因

浮力是由于周围液体对物体上、下表面的作用存在压力差而产生的。以浸没在液体中的立方体为例,可以得到:

位置	深度	压强	压力
前、后两个面	相等	相等	$F_{前}$、$F_{后}$是一对平衡力,相互抵消,合力为 0 N
左、右两个面	相等	相等	$F_{左}$、$F_{右}$是一对平衡力,相互抵消,合力为 0 N
上、下两个面	上表面深度小于下表面深度	上表面所受压强小于下表面所受压强	$F_{上}<F_{下}$,$F_{合}(F_{浮})=F_{下}-F_{上}$

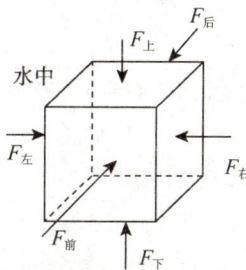

水中

$F_{上}$ $F_{后}$

$F_{左}$ $F_{右}$

$F_{前}$ $F_{下}$

真是"死海不死"。

★ 考霸笔记

根据浮力产生的原因,物体浸在液体中受到的浮力等于物体受到的液体向上和向下的压力差,即 $F_{浮}=F_{下}-F_{上}$($F_{下}$表示物体下表面受到的液体向上的压力,$F_{上}$表示物体上表面受到的液体向下的压力)。此方法多用于求解形状规则的物体受到的浮力。

核心考点 **2**　　阿基米德原理

1.实验探究阿基米德原理

被测物体要浸没在盛满水的溢水杯中,保证有水溢出。

提出问题	浸在液体中的物体受到液体向上的浮力,那么浮力的大小等于多少
猜想假设	浮力的大小跟排开液体所受的重力有关
实验装置	 甲　　　　乙　　　　丙　　　　丁
实验步骤	(1)在烧杯出水口内、外面两侧涂上"黄油",然后按图甲所示将烧杯放置好,并向烧杯中装水直到溢出的水能从出水口全部流入下面的小桶中为止,这样烧杯改装成了简易溢水杯 (2)倒掉小桶中的水,在空气中用弹簧测力计分别测出石块的重力 $G_石$ 和小桶的重力 $G_桶$,如图乙所示,将所测数据记录在表格中,并把小桶放回原处

续表

实验步骤	(3)如图丙所示,用弹簧测力计吊着石块慢慢浸没在溢水杯的水中后,读出弹簧测力计示数 F,并记录在表格中 (4)等石块排出的水全部流入小桶中后,取走石块,用弹簧测力计测出小桶和排出的水的总重 $G_{桶+水}$,并记录在表格中 (5)根据表格中的数据,求出 $F_浮$、$G_排$,然后比较 $F_浮$、$G_排$ 的大小,得出结论

特别提示:
浸在液体中的物体所受浮力的大小等于它排开的液体所受的重力,即 $F_浮 = G_排$

2.阿基米德原理

（1）内容:浸在液体中的物体受到向上的浮力,浮力的大小等于它排开的液体所受的重力。

（2）公式: $F_浮 = G_排 = \rho_液 g V_排$。

（3）说明:①"浸在液体中的物体"包含两种状态:一是物体的全部体积都浸入液体里,即物体浸没在液体里;二是物体的一部分体积浸入液体里,另一部分露在液面以上。②$G_排$指被物体排开的液体所受的重力,而不是物体自身的重力。③$V_排$是表示被物体排开的液体的体积,当物体全部浸没在液体里时,$V_排 = V_物$;当物体只有一部分浸入液体里时,则 $V_排 < V_物$。④由公式可知,物体在

考霸笔记

阿基米德原理也适用于气体,但此时公式中的 $\rho_液$ 应改为 $\rho_气$。

液体中浮力的大小，跟它浸在液体中的体积、液体的密度有关，与其自身的体积、密度、形状、在液体中的深度等因素无关。

曹冲称象

曹冲称象的过程是首先把大象牵到船上，在水面处的船舷上刻一条线，然后把大象牵上岸，再往船上放入石块，直到船下沉到船舷上的线再次与水面相平时为止，称出此时船上石块的质量即为大象的质量。两次船舷上的线与水面相平，根据阿基米德原理可知，船两次排开水的体积相同，进而两次的浮力相同。再根据浮沉条件，漂浮时重力等于浮力可知：船重+大象重=船重+石头重。用多块石头的质量替代了不可拆分的大象的质量，这是等效替代法在浮力中的一个典型应用。

核心考点 3　物体的沉浮条件及应用

1.物体的沉浮条件

上浮	下沉	悬浮	漂浮	沉底
$F_浮 > G$	$F_浮 < G$	$F_浮 = G$	$F_浮 = G$	$F_浮 + N = G$
$\rho_液 > \rho_物$	$\rho_液 < \rho_物$	$\rho_液 = \rho_物$ $V_排 = V_物$	$\rho_液 > \rho_物$ $V_排 < V_物$	$\rho_液 < \rho_物$

续表

上浮	下沉	悬浮	漂浮	沉底
处于动态（运动状态不断改变），受非平衡力作用		可以停留在液体的任何深度处	是"上浮"过程的最终状态	是"下沉"过程的最终状态
		处于静止状态,受平衡力作用		

特别提示:

当用物体的密度跟液体密度的大小来描述物体的沉浮情况时,物体为实心体

2.计算浮力大小的四种方法

称重法	压力差法	公式法	平衡力法
浮力等于物体的重力 G 减去物体浸在液体中弹簧测力计的示数 F,即 $F_浮=G-F_示$	浮力等于物体受到的液体对它向上和向下的压力差,即 $F_浮=F_{向上}-F_{向下}$	根据阿基米德原理计算: $F_浮=G_排=m_液 g=\rho_液 g V_排$	物体漂浮在液面上或悬浮在液体中时,由二力平衡条件可得: $F_浮=G$

3.浮沉条件的应用

考霸笔记

漂浮在液面上的物体所受的浮力与所受的重力大小相等。

气球（充入密度小于空气的气体）和飞艇在空气中也遵循相同的浮沉条件。

轮船	要用密度大于水的材料制成能够浮在水面的物体,可以把它做成空心,使它能够排开更多的水。根据这个原理,人们用密度大于水的钢铁制造了轮船
潜水艇	潜水艇两侧有水舱,向水舱内充水时,潜水艇逐渐加重,就逐渐潜入水中;当水舱充水至潜水艇重等于同体积的水重时,潜水艇可以悬浮在水中;当用压缩气体将水舱里的水排出一部分时,潜水艇变轻,从而上浮
气球和热气球	如果气球里充的是密度小于空气的气体,气球可以飘在空中。例如,节日放飞的气球、携带气象仪器的高空探测气球,充的是氢气或氦气;作为体育、娱乐活动用的热气球,充的是被燃烧器烧热而体积膨胀的热空气
密度计	用来测定液体密度的仪器是根据漂浮时的受力平衡及阿基米德原理制成的。密度计在任何液体里呈漂浮状态,所受浮力大小不变,都等于它的重力。根据浮力公式 $F_浮 = \rho_液 g V_排$,液体密度较大的时候,密度计露出部分多,反之就少,所以密度计上的刻度数是上面较小而下面较大,密度计上的数值表示待测液体密度是水密度的倍数,如"1.8"表示该液体密度是 $1.8 \times 10^3 \ kg/m^3$

专题十六 功和功率

核心考点 1 功

1.功

定义	物理学中把力(F)和物体在力的方向上移动的距离的乘积叫做机械功,简称功,用字母 W 表示
两个必要条件	(1)作用在物体上的力 (2)物体在力的方向上移动的距离
计算式	$W=Fs$
单位	焦耳,简称焦,符号是 J,1 J=1 N·m
说明	在功的计算式中注意 F 与 s 的关系:①同向性;②同时性;③同体性;④统一性

考霸笔记

同向性——力与物体移动的距离在方向上必须一致。

同时性——力与物体移动的距离必须对应于同一段时间。

同体性——力与物体移动的距离必须对应于同一物体。

统一性——运动系统、单位等应统一。

2.三种不做功的情况

情况	原因	事例
劳而无功	有力作用在物体,但物体静止,没有移动距离	推而未动、搬而未起等
不劳无功	没有力作用在物体上,物体只是由于惯性在前进	踢出去的足球在空中运动时,人对足球没有做功
垂直无功	有力作用在物体上,物体也移动了距离,但力与距离是垂直的	手提水桶沿水平方向移动,拉力不做功

核心考点 2 功率

1.功率

意义	表示做功的快慢,功率越大,做功越快
定义	功与做功所用时间之比叫做功率
公式	$P = \dfrac{W}{t}$

续表

单位	功率的定义式中，W 的单位是 J，t 的单位是 s，P 的单位是 W，即 1 W = 1 J/s，表示的意义是 1 秒内做功 1J。常用单位还有 kW，即 1 kW = 10^3 W
拓展	(1)运用 $P = \dfrac{W}{t}$ 时一定要注意三个量的对应关系，"W" 一定是对应 "t" 完成的 (2)$P = \dfrac{W}{t} = \dfrac{Fs}{t} = Fv$。此公式常用在匀速直线运动中，拉力的功率等于力的大小与运动的速度的乘积。运用公式时注意 F 的单位是牛顿(N)，v 的单位是米每秒(m/s)
一些常见物体的功率	(1)长时间运动时人的功率为数十瓦 (2)优秀运动员短时功率约一千瓦 (3)长时间运动时马的功率为数百瓦 (4)小轿车的功率为数十千瓦至数百千瓦 (5)电力机车和内燃机车的功率为数千千瓦 (6)万吨级远洋货轮的功率可达一万千瓦以上

考霸笔记

计算功率的另一个公式

当物体在动力 F 作用下，以速度 v 沿力 F 方向做匀速直线运动时，力 F 所做的功 $W = Fs = Fvt$。力 F 做功的功率 $P = \dfrac{W}{t} = \dfrac{Fvt}{t} = Fv$。

2.功率与速度对比

比较项目	物理量	
	速度	功率
物理意义	表示物体运动的快慢	表示物体做功的快慢
概念	物体在单位时间内通过的路程的多少	物体在单位时间内做功的多少
公式	$v = \dfrac{s}{t}$	$P = \dfrac{W}{t}$
比较方法	(1)通过相同的路程比较运动时间	(1)完成相同的功比较所用的时间
	(2)运动相同时间比较路程	(2)相同的时间内比较做功的多少

3.功率与功的对比

比较项目	物理量	
	功率	功
概念	物体在单位时间内做的功	力与物体在力的方向上移动的距离的乘积

续表

比较项目	物理量	
	功率	**功**
意义	表示物体做功的快慢	力在空间上的积累效果
公式	$P = \dfrac{W}{t}$	$W = Fs$
单位	瓦特(W)	焦耳(J)
联系	$W = Pt$	

专题十七　机械能

核心考点 1　动能和势能

1.能量

物体能够对外做功,我们就说这个物体具有能量,简称能。能量的单位与功的单位相同,也是焦耳,简称焦,符号是 J。

一个物体能够做的功越多,表示这个物体的能量越大。

2.动能和势能

机械能类型		概念	特点	影响大小的因素	共同特点
动能		物体由于运动而具有的能量	凡是运动的物体都具有动能	质量、速度	都能够对外做功
势能	重力势能	物体由于受到重力并处在一定高度时所具有的能量	凡是被举高的物体都具有重力势能	质量、所处的高度	
	弹性势能	物体由于发生弹性形变而具有的能量	凡是发生弹性形变的物体都具有弹性势能	物体的弹性劲度系数、弹性形变的程度	

核心考点 2　机械能

1.机械能及其转化

（1）机械能：
动能、重力势能和弹性势能统称为机械能。

考霸笔记

龙卷风具有强大的动能

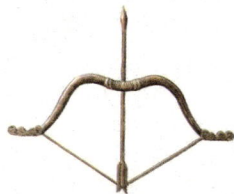

拉满的弓具有弹性势能

数千年前，人们已知道利用流水的能量来转动水车，汲水灌溉。自从19世纪末德国建成世界上第一座水电站，水力发电就成了水能利用的主要形式。当上游的水冲击水轮机的叶片时，就把大部分动能传递给水轮机，使水轮机转动起来，由此带动发电机发电。

(2)机械能的转化：

1)动能和重力势能可以相互转化。

动能转化为重力势能的标志是速度减小，所处的高度增加；重力势能转化为动能的标志是所处的高度减小，速度增大。

2)动能和弹性势能可以相互转化。

动能转化为弹性势能的标志是速度减小，形变增大；弹性势能转化为动能的标志是速度增大，形变减小；动能和弹性势能的相互转化可以发生在同一物体上，也可以发生在不同物体之间。

3)机械能也可以转化为其他形式的能量。

2.动能和势能相互转化的实例分析

实例	滚摆	单摆
图示		

续表

现象	①滚摆向下滚动的过程中,速度越来越大,在上升过程中速度越来越小。②滚摆每次上升的最大高度和到达最低点的速度都逐渐减小	①单摆在左右摆动过程中,摆动速度和位置都发生了变化。②单摆每次上升的最大高度和到达最低点的速度都逐渐减小
分析	①滚摆在下降过程中,重力势能越来越小,动能越来越大,重力势能转化为动能,所以越转越快;反之,越转越慢。②由于摆轴和绳之间存在摩擦阻力,所以滚摆每次上升的最大高度逐渐减小,即滚摆的机械能逐渐减小	①小球从 A 点摆向最低点 B 时,重力势能转化为动能;从 B 点摆向 C 点时小球上升,动能减小,重力势能增大,动能转化为重力势能。②由于存在空气阻力,所以摆球每次上升的最大高度逐渐减小,即摆球的机械能逐渐减小

特别提示:

物体的动能与势能是可以相互转化的;有摩擦阻力时,在动能和势能的相互转化中,机械能会不断减小

考霸笔记

　　卫星绕地球转动时,由于在大气层外运行,不受空气阻力,只有动能与势能的相互转化,因此机械能守恒。

3.机械能守恒

　　动能与势能之间是可以相互转化的,即动能可以转化成势能,势能也可以转化成动能。在只有动能与势能转化的过程中,机械能的总量保持不变,即机械能守恒。

专题十八　简单机械

1.认识杠杆

概念	一根硬棒在力的作用下能够绕着固定点转动,这根硬棒就叫杠杆
模型	**2个力:** (1)动力:使杠杆转动的力,用 F_1 表示 (2)阻力:阻碍杠杆转动的力,用 F_2 表示
	3个点: (1)动力作用点:动力在杠杆上的作用点,如图中 A 点 (2)阻力作用点:阻力在杠杆上的作用点,如图中 B 点 (3)支点:杠杆绕其转动的固定点,用 O 表示

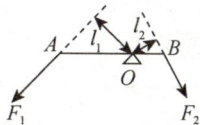

考霸笔记

　　杠杆可以是直的,也可以是弯的,但在外力的作用下不能变形。定义中的力,是指作用在杠杆上的动力和阻力,且动力和阻力使杠杆转动的方向一定是相反的,但动力和阻力不一定相反。

模型	2个力臂: (1)动力臂:从支点到动力作用线的距离,用 l_1 表示 (2)阻力臂:从支点到阻力作用线的距离,用 l_2 表示
力臂及画法	(1)先画动力作用线:从动力作用点画出动力 F_1 并且延长,该延长线即为动力作用线 (2)过支点向动力作用线画垂线(点到直线距离),支点与动力作用线交点之间的长度为动力臂 l_1 (3)再画阻力作用线:从阻力作用点画出阻力 F_2 并且延长,该延长线即为阻力作用线 (4)过支点向阻力作用线画垂线(点到直线距离),支点与阻力作用线交点之间的长度为阻力臂 l_2

特别提示:

(1)杠杆不一定都是直杆,如剪刀、筷子、自行车手刹等均是杠杆

(2)杠杆的支点可以在两个力的作用点之间,也可以在杠杆的一端

(3)两个力的力臂不一定在杠杆上,当力与杠杆垂直时,力臂在杠杆上

2.杠杆的平衡条件

杠杆平衡状态	静止状态或匀速转动
杠杆平衡条件	动力×动力臂＝阻力×阻力臂 $F_1 l_1 = F_2 l_2$

3.杠杆的分类

类型	示意图	力臂关系	力的关系	特点	应用
省力杠杆	l_2 l_1 O F_2 F_1	$l_1 > l_2$	$F_1 < F_2$	省力但费距离	铡刀、瓶盖起子、手推车、钢丝钳等
费力杠杆	l_2 l_1 O F_2 F_1	$l_1 < l_2$	$F_1 > F_2$	费力但省距离	钓鱼竿、镊子、筷子、理发剪刀等
等臂杠杆	l_2 l_1 O F_2 F_1	$l_1 = l_2$	$F_1 = F_2$	既不省力也不费力，既不省距离也不费距离	天平

考霸笔记

阿基米德的名言"给我一个支点，我就能撬起整个地球"，充分说明了力的三要素(大小、方向、作用点)和杠杆原理。

4.探究杠杆的平衡条件

杠杆标尺向右偏,螺母向左调;实验过程中,不能再调节平衡螺母。

提出问题	我们平时称量物体用的杆秤是一种杠杆,在使用时,要调节秤砣的位置才能使它平衡。杠杆平衡时,动力(F_1)、动力臂(l_1)和阻力(F_2)、阻力臂(l_2)之间存在怎样的关系呢
猜想假设	几位同学做出了如下几种假设:$F_1+l_1=F_2+l_2$;$F_1\times l_1=F_2\times l_2$;$F_1\times l_2=F_2\times l_1$……你同意哪种假设
实验装置	
实验步骤	(1)调节杠杆两端的螺母,使杠杆不挂钩码时在水平位置平衡 (2)在杠杆的左、右两边分别挂上数目不等的两串钩码,移动钩码悬挂的位置,使杠杆再次平衡 (3)记录并测量此时杠杆的动力(F_1)、动力臂(l_1)和阻力(F_2)、阻力臂(l_2) (4)改变动力和阻力的大小,仿照上述方法再做一次,将测得的两组数据填入下表

续表

实验步骤	实验序号	动力 F_1/N	动力臂 l_1/m	阻力 F_2/N	阻力臂 l_2/m
	1	1.0	2.4	2.0	1.2
	2	1.5	1.2	0.5	3.6
探究结论	分析上表中的数据,可以得出动力(F_1)、动力臂(l_1)和阻力(F_2)、阻力臂(l_2)之间的关系:杠杆平衡时,$F_1 \times l_1 = F_2 \times l_2$				

核心考点 2　滑轮

1.定滑轮、动滑轮和滑轮组

(1)定滑轮。

1)定义:轴固定不动的滑轮。

2)实质:等臂杠杆。

3)特点:不能省力,但能改变力的方向。

(2)动滑轮。

1)定义:轴和重物一起移动的滑轮。

2)实质:动力臂为阻力臂两倍的省力杠杆。

起重机的动滑轮

3)特点:使用动滑轮能省一半的力,但费距离,且不能改变力的方向。绳子自由端移动的距离是重物移动距离的两倍。

(3)滑轮组。

1)定义:定滑轮、动滑轮组合在一起构成滑轮组。

2)特点:既能省力又能改变力的方向。

2.定滑轮、动滑轮与滑轮组的比较

比较项目	定滑轮	动滑轮	滑轮组
图示			
力臂关系	$l_1 = l_2$	$l_1 = 2l_2$	$l_1 = nl_2$
省力情况	$F = G$	$F = \dfrac{G}{2}$	$F = \dfrac{G}{n}$
拉力方向	改变	不改变	可能改变,也可能不改变

续表

比较项目	定滑轮	动滑轮	滑轮组
绳端移动距离	$s=h$	$s=2h$	$s=nh$（n 是吊着动滑轮的绳子段数）
实质	等臂杠杆	省力杠杆	省力杠杆

3.滑轮组的组装和设计

求段数	绳子段数的求解方法有两种：一是根据省力情况，用 $F=\dfrac{1}{n}G$ 去求，当 G 不能被 F 整除时，要采用"只入不舍"的方法处理小数位；二是根据移动距离的关系 $s=nh$ 求解
定个数	动滑轮的个数 N 是根据求出的绳子的段数 n 确定的。当 n 为奇数时，动滑轮的个数 $N=\dfrac{1}{2}(n-1)$；当 n 为偶数时，动滑轮的个数 $N=\dfrac{1}{2}n$
找起点	绳子的起始端可依据"奇动偶定"的原则来判断，即当 n 为奇数时，绳子的起始端在动滑轮的挂钩上；当 n 为偶数时，绳子的起始端在定滑轮的挂钩上

续表

画线段	画装配图时,根据"一动一定"的原则画绕线,同时根据要求确定定滑轮的个数,最后得到符合要求的装配图

核心考点 **3** 机械效率

1.有用功、额外功和总功

名称	定义	符号	实例	公式
有用功	使用机械做功时对人们有用的功	$W_有$	从井中打水时提水所做的功	$W_有 = Gh$
额外功	对人们没有用但又不得不做的功	$W_额$	从井中打水时提水桶和绳子做的功	—
总功	有用功与额外功之和	$W_总$	从井中打水时手的拉力所做的功	$W_总 = W_有 + W_额$

考霸笔记

用水桶从井中提水的过程中,对桶做的功是额外功,无价值但不得不做,对水做的功是有用功。若水桶掉入井中,在捞桶的过程中,对桶做的功是有用功,对水做的功是额外功。

2.机械效率

项目	内容
定义	在物理学中,将有用功与总功的比值叫做机械效率,用 η 表示
公式	$\eta = \dfrac{W_{有}}{W_{总}}$,$W_{总}$ 表示总功,$W_{有}$ 表示有用功,η 表示机械效率
意义	标志机械做功性能好坏的物理量,机械效率越高,其机械性能越好

特别提示:

机械效率是一个比值,它没有单位,通常用百分数表示,由于 $W_{额}$ 的存在,所以机械效率总小于1

3.机械效率与功率

比较项目	物理量	
	机械效率	功率
概念	物体有用功跟总功的比值	物体在单位时间内做的功
表达式	$\eta = \dfrac{W_{有}}{W_{总}}$	$P = \dfrac{W}{t}$

考霸笔记

使用任何机械时,人对机械所做的功,都不会少于不用机械而直接用手所做的功。也就是说,使用任何机械都不省功。这个结论叫"功的原理"。

考霸笔记

提高滑轮组机械效率的方法

(1)减小额外功在总功中占的比例,可采取改进机械结构、减小摩擦阻力等方法。

（2）增大有用功在总功中所占的比例，在额外功不变的情况下，增大有用功的大小。

（3）换用最简单的机械。

续表

比较项目	物理量	
	机械效率	功率
单位	无单位,用百分数表示	瓦特(W)
意义	表示机械性能的好坏	表示物体做功的快慢
联系	机械效率与功率之间没有直接关系	

专题十九　内能

核心考点 **1**　分子热运动

1.物质的组成

物质是由分子或原子组成的,分子是保持物质化学性质的最小粒子,分子由原子构成。由单个原子组成的是单原子分子,绝大多数分子是多原子分子,原子又由原子核和绕核运动的带负电的电子组成,其中原子核包括质子和中子两种粒子,后来科学家发现质子和中子都是由称为夸克的更小的粒子组成的。随着人类对微观世界探索的不断深入,在 20 世纪中叶,科学工作者相继发现了 400 余种粒子。人类对微观世界的探索还在继续,这种探索是永无止境的。

考霸笔记

物体是指具有一定形状,占据一定空间,有体积和质量的实物,如桌子、铝锅、铁钉、塑料尺等。而构成物体的木、铝、铁、塑料等是物质。在辨析物体和物质时不可将二者混为一谈。

考霸笔记

不管温度高低,分子都在无规则运动,只是运动的快慢不同。

扩散运动是分子热运动的宏观体现。

2.分子热运动

扩散	不同的物质在相互接触时,彼此进入对方的现象叫扩散。气体、液体、固体都能发生扩散,气体扩散得最快,液体扩散得较快,固体扩散得最慢
分子的热运动	一切物质的分子都在不停地做无规则的运动,分子的运动与温度有关,所以这种无规则运动叫做分子的热运动。分子运动越剧烈,物体温度越高
说明	①分子的特点是数量多,体积小;②分子的运动快慢与温度有关,但分子的运动不会停止,它是自发的,不受外力的影响;③扩散现象是分子的运动现象,不是物体的运动现象,如尘土飞扬,这是物体的机械运动,不是扩散现象;④分子间的作用力是同时存在、同时消失的,在压缩时表现为斥力,在拉伸时表现为引力

3.机械运动与热运动的比较

考霸笔记

从运动的起因和维持上判断:分子热运动是自发的,永不停息,而物体的机械运动则要受到外力的影响。

比较项目	机械运动	分子的热运动
研究对象	宏观物体	微观分子
规律	有规律可循	无规则
运动情况	静止或运动	运动永不停息

续表

比较项目	机械运动	分子的热运动
可见度	肉眼可直接观察到	肉眼不能直接观察到
影响运动快慢的因素	力	温度

核心考点 **2** 分子间的作用力

1.类比法理解分子间的作用力

分子间距离关系	关系分析	分子间作用力
分子间距离等于平衡位置	分子在平衡位置附近振动,相当于弹簧的自然伸长状态	引力等于斥力,分子间作用力为零
分子间距离小于平衡位置	相当于压缩弹簧	引力小于斥力,分子间作用力表现为斥力
分子间距离大于平衡位置	相当于拉伸弹簧	引力大于斥力,分子间作用力表现为引力
分子间距离大于 10 倍分子直径	相当于弹簧被拉断	分子间作用力十分微弱

考霸笔记

"破镜"不能"重圆"

分子间距离大于分子直径 10 倍的时候,分子间既无引力,也无斥力。"破镜"不能"重圆"是因为玻璃的硬度大,玻璃放在一起不容易发生形变,玻璃分子间的距离不能达到小于分子直径 10 倍的程度,超出了分子力的作用范围,故不能"重圆"。

2.分子间的相互作用力与物质三态

分子间作用力大小	物质形态
固体分子间的作用力很大,分子只能在各自的平衡位置附近做微小振动	表现为固体,有固定形状、固定体积,无流动性
液体分子在某位置振动一段时间后,可能移动到另一个位置附近振动	表现为液体,有固定体积,无固定形状,具有流动性
气体分子间的作用力几乎为零,分子可以在空间到处移动	表现为气体,无固定形状、固定体积,具有流动性

核心考点 3　内能

1.内能

比较项目	定义	微观	宏观	量值
分子的动能	物质的分子永不停息地运动着,运动着的分子所具有的能量	分子永不停息地做无规则运动	与温度有关	永远不等于零

考霸笔记

(1)内能是指物体的内能,不是分子的内能,更不能说内能是个别分子和少数分子所具有的。内能是物体内部所有分子共同具有的动能和势能的总和,所以,单纯考虑一个分子的动能和势能是没有现实意义的。

(2)任何物体在任何情况下都有内能。

(3)内能具有不可测性,只能比较物体内能的大小,不能确定这个物体具有的内能究竟是多少。因为内能是物体的所有分子具有的总能量,所以宏观量度比较困难。

续表

比较项目	定义	微观	宏观	量值
分子的势能	物质的分子由它们的相对位置所决定的能量	分子间存在相互作用的引力和斥力	与物体的体积有关	可能等于零
物体的内能	物体内所有分子动能和势能的总和	分子永远在运动和分子间存在作用力	与分子数及物体的温度、体积有关	永远不等于零

2.影响因素

(1)温度:在物体的质量、材料、状态相同时,温度越高,物体内能越大。

(2)质量:在物体的温度、材料、状态相同时,物体的质量越大,物体内能越大。

(3)材料:在物体的温度、质量、状态相同时,物体的材料不同,物体内能可能不同。

(4)存在状态:在物体的温度、材料和质量相同时,物体存在的状态不同时,物体内能可能不同。

考霸笔记

一切物体都具有内能。一个物体温度越高内能越大。"0 ℃"的物体也有内能。

3.改变物体内能的两种方式

考霸笔记

在物态变化时,分子势能的变化具有一个特点——突变。例如,0 ℃的冰熔化成 0 ℃的水,虽然温度没变,分子动能没变,但由于熔化是一个吸热过程,吸收的能量用于增加分子势能,因此,我们说分子势能是增加的,内能是增加的,而温度不变。

比较项目	两种方式	
	热传递	做功
内能改变	物体吸收热量,内能增加;物体放出热量,内能减少	外界对物体做功,物体的内能增加;物体对外界做功,物体的内能减少
常见形式	吸热升温,内能增加;放热降温,内能减少(注意:晶体熔化或液体沸腾吸热,内能增大,晶体凝固放热,内能减少,但温度都不变)	弯折、锻打物体做功,压缩气体做功,克服摩擦做功等,物体的内能增加;气体膨胀对外做功,内能减少
实质	内能的转移	内能与其他形式能量的相互转化
相同点	都可以改变物体的内能,且效果相同	

核心考点 **4** 热量和比热容

1.热量

定义	在热传递过程中,传递内能的多少叫做热量
单位	焦耳,符号 J
符号	Q
表达方式	吸收热量或放出热量

特别提示:

(1)热量是指热传递过程中所改变的内能,热量是一个过程量,是一个变化量,我们不能说一个物体"具有多少热量""含有多少热量",而只能说一个物体"放出了多少热量"或"吸收了多少热量"

(2)热量的大小与物体内能的多少、物体温度的高低无关,而与传递内能的多少有关

考霸笔记

多变的"热"

(1)"天气热"表示气温高,这里的热指"温度"。

(2)"摩擦生热"表示用摩擦做功的方式消耗了机械能,增加了内能,这里的"热"指内能。

(3)"热运动"是指大量分子的无规则运动,这里的"热"跟温度有关。

(4)"热膨胀"指温度升高时体积增大,"热"指温度变化。

考霸笔记

热传递可以改变物体的内能,使其内能增加或减少,但温度不一定改变(如晶体的熔化、凝固过程),即物体吸热,内能会增加,物体放热,内能会减少,但物体的温度不一定发生改变。

2.温度、内能与热量三者的比较

比较项目	温度	内能	热量
分子运动理论观点	是分子热运动的剧烈程度的标志	物体内部所有分子做无规则运动的动能和分子势能的总和	在热传递过程中内能转移的数量
概念辨别	物体的冷热程度	能量的一种形式	在热传递过程中传递的内能的多少
表达方式	不能"传递"和"转移",只能说"是"多少	"具有"	"吸收"或"放出"
存在形式	状态量	状态量	过程量
单位	摄氏度(℃)	焦耳(J)	焦耳(J)

考霸笔记

比热容也是物质的一种属性,不随物体质量的改变而改变;与温度及温度变化无关;与物质吸热或放热的多少无关。

3.比热容

定义	一定质量的某种物质,在温度升高时吸收的热量与它的质量和升高的温度乘积之比。单位质量的某种物质,温度升高(或降低)1 ℃所吸收(或放出)的热量,数值上也等于这种物质的比热容

续表

意义	反映物质吸热(或放热)本领大小的物理量
性质	比热容是物质的一种特性,与物质的种类与状态有关
单位	J/(kg·℃),读作焦每千克摄氏度
水的比热容	$c_水 = 4.2×10^3$ J/(kg·℃),表示 1 kg 水温度升高(或降低)1 ℃所吸收(或放出)的热量是 $4.2×10^3$ J
点拨	(1)比热容的大小只由物质本身决定,与物体的质量大小,吸收或放出的热量的多少以及温度的变化均没有关系,但同种物质不同状态时的比热容可能不同 (2)水的比热容比较大,在日常生活中常用水作冷却剂或用水来取暖

4.比热容大小对物质吸(放)热情况的影响

两个角度	物质的吸热本领	物质温度改变的难易程度
具体说明	比热容大表示吸热本领强	比热容大表示温度难改变
	比热容小表示吸热本领弱	比热容小表示温度易改变

考霸笔记

水的比热容的应用

(1)水的吸(放)热本领强,可用水作冷却剂。

(2)水的温度难改变,对机械或生物体可起保护作用。

续表

解释	相同质量的不同物质升高相同的温度,比热容越大,吸收的热量越多;比热容越小,吸收的热量越少。例如,在生活生产中用水给高温发动机降温	相同质量的不同物质吸收相等的热量,比热容越大,温度升高得越少;比热容越小,温度升高得越多。例如,沿海地区昼夜温差小,内陆地区昼夜温差大

5.热量的计算

考霸笔记

热平衡

两个温度不同的物体放在一起时,高温物体放出热量,温度降低;低温物体吸收热量,温度升高。若放出的热量没有损失,全部被低温物体吸收,最后两物体温度相同,称为"达到热平衡",用公式表示为 $Q_{吸}=Q_{放}$(热平衡方程)。

公式	物体温度升高时吸收热量:$Q_{吸}=cm(t-t_0)$ 物体温度降低时放出热量:$Q_{放}=cm(t_0-t)$ 若用 Δt 表示物体升高或降低的温度,则上面两个公式可写为 $Q=cm\Delta t$,其中,c 为物质的比热容,m 为物体的质量,t_0 为初温,t 为末温,Δt 为变化的温度,即升高或降低的温度
单位	c 的单位是 J/(kg·℃),m 的单位是 kg,t、t_0、Δt 的单位是℃,Q 的单位是 J
应用条件	公式 $Q=cm\Delta t$ 应用于物态不发生变化时,物体升温(或降温)过程中吸热(或放热)的计算,例如,冰熔化为水时吸收热量,但此时温度并没有发生变化,因此,如果过程中存在物态变化,则不能使用上述公式

续表

特别提示:

(1)正确理解公式中各物理量的意义

(2)运算中各物理量的单位必须统一为国际单位

(3)注意文字叙述中"升高""升高了""降低""降低了"对应的是温度的变化量 Δt,而"升高到""降低到"对应的是物体的末温 t

专题二十　内能的利用

核心考点 1　热机

考霸笔记

　　燃料直接在发动机汽缸内燃烧产生动力的热机,叫做内燃机。内燃机是现代社会中最常见的一种热机。例如,汽车的动力机械就是内燃机。内燃机分为汽油机和柴油机两大类。它们的特点是让燃料在汽缸内燃烧,从而使燃烧更充分,热损失更小,热效率较高,内能利用率较大。

1.内能的利用方式

（1）利用内能来加热物体。

（2）利用内能来做功。

2.热机

（1）定义:把内能转化为机械能的机器。

（2）原理:燃料燃烧的化学能→内能→机械能。

（3）种类:热机的种类很多,如蒸汽机、内燃机、汽轮机、喷气发动机等。

核心考点 2　汽油机

1.定义

汽油机是利用汽缸内燃烧汽油产生高温高压的气体来推动活塞做功的热机。

2.汽油机的工作过程

工作过程	吸气冲程	压缩冲程	做功冲程	排气冲程
进气门	打开	关闭	关闭	关闭
排气门	关闭	关闭	关闭	打开
活塞运动方向	向下	向上	向下	向上
冲程的作用	吸入汽油和空气的混合气体	压缩汽油和空气的混合气体做功,使其压强增大,温度升高	在压缩冲程末,火花塞放电,点燃燃料,产生高温高压的气体。高温高压的气体推动活塞向下运动,带动连杆和曲轴转动,对外做功	排出废气

考霸笔记

活塞在汽缸内往复运动时,从汽缸的一端运动到另一端的过程,叫做一个冲程。

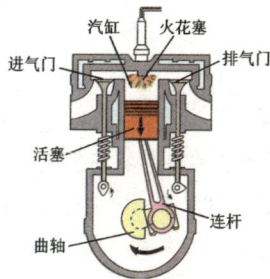

续表

能的转化	不做功,无能量转化	机械能转化为内能	内能转化为机械能	不做功,无能量转化

特别提示:

(1)每个工作循环飞轮转两圈,完成一个做功冲程

(2)在一个工作循环中,只有做功冲程燃气对外做功,其他三个辅助冲程,燃气不但不做功,还要消耗机械能

(3)依靠飞轮的惯性完成吸气、压缩、排气冲程

 考霸笔记

区分汽油机和柴油机时,一要看构造,有喷油嘴的是柴油机,有火花塞的是汽油机;二要看进气门、排气门的开闭状态;三要看活塞的运动方向,在此基础上进行综合分析。

核心考点 3 柴油机

1.定义

利用气缸内燃烧柴油所产生的高温高压气体来推动活塞做功的热机。

2.柴油机的工作过程

与汽油机大致相同,也是由吸气、压缩、做功、排气四个冲程构成一个工作循环,在一个工作循环中,曲轴和飞轮转两周,对外做一次功。

3.汽油机与柴油机的区别

比较项目	汽油机	柴油机
构造	汽缸顶端有火花塞	汽缸顶部有喷油嘴
燃料	汽油	柴油
吸气冲程	汽油机在吸气冲程中吸入的是汽油和空气的混合气体	柴油机在吸气冲程中只吸入空气
点火方式	压缩冲程末,火花塞产生电火花点燃燃料,称为点燃式	压缩冲程末,喷油嘴向汽缸内喷出雾状柴油,遇到温度超过柴油燃点的空气而自动点燃,称为压燃式
效率	效率低,一般为 20%～30%	效率高,一般为 30%～45%
应用	机体轻便,主要用于汽车、飞机、摩托车等	机体笨重,主要用于载重汽车、火车、轮船等

核心考点 4　热机的效率

1.燃料的热值

热值是燃料本身的性质,只与燃料的种类有关。

"完全燃烧"的含义是烧完、烧尽,1 kg的某种燃料,只有在完全燃烧的情况下,放出的热量才等于这种燃料的热值,若该燃料在燃烧时没有完全燃烧,放出的热量就比对应的热值小。

项目	内容
定义	某种燃料完全燃烧时放出的热量与其质量之比,叫做这种燃料的热值,用字母 q 表示
意义	相同质量的不同燃料,在完全燃烧时放出的热量一般是不相同的。例如,完全燃烧 1 kg 煤放出的热量是完全燃烧 1 kg 木柴放出热量的两倍多。在物理学中就用燃料的热值来表示燃料在完全燃烧时放热本领的大小
单位	热值的单位是焦每千克,符号为 J/kg,如木炭的热值为 $3.4×10^7$ J/kg,它表示 1 kg 的木炭完全燃烧时所放出的热量是 $3.4×10^7$ J。气体燃料的热值单位是焦每立方米,符号为 J/m^3
放热计算	$Q=mq$,其中 Q 为燃料放出的热量,单位是 J,q 为燃料的热值,单位为 J/kg,m 为燃料的质量,单位为 kg。气体燃料完全燃烧放出的热量 $Q=qV$,其中 V 表示完全燃烧的气体在标准大气压下的体积,单位为 m^3

续表

项目	内容
性质	热值是燃料的一个特性,与燃料的质量、燃烧是否充分、是否完全燃烧无关,只与燃料的种类有关

2.常见燃料的热值

固体燃料	热值/($J \cdot kg^{-1}$)	液体燃料	热值/($J \cdot kg^{-1}$)	气体燃料	热值/($J \cdot m^{-3}$)
木炭	3.4×10^7	汽油	4.6×10^7	沼气	约 1.9×10^7
无烟煤	约 3.4×10^7	煤油	4.6×10^7	液化气	约 4.9×10^7
焦炭	3.0×10^7	原油	约 4.4×10^7	煤气	约 3.9×10^7
烟煤	约 2.9×10^7	柴油	4.3×10^7	—	—
干木柴	约 1.2×10^7	酒精	3.0×10^7	—	—

3.热机的效率

定义	用来做有用功的能量与燃料完全燃烧放出的能量之比

考霸笔记

无限制的使用热机,不仅会造成大气污染,也会带来噪声污染。

续表

公式	$\eta = \dfrac{用来做有用功的能量\,Q_{有用}}{燃料完全燃烧释放的能量\,Q_{总}} \times 100\%$
不同热机效率	汽油机的效率 20%～30%，柴油机的效率 30%～45%，飞机喷气发动机的效率 50%～60%
提高热机效率的途径	(1)燃料尽可能充分燃烧 (2)尽量减少各种热量损失 (3)在热机的设计和制造上，采用先进技术 (4)使用时，注意保养，保证良好的润滑，减少因克服摩擦阻力而额外消耗的功

考霸笔记

某种形式的能减少，一定有其他形式的能增加，且减少量和增加量一定相等。某个物体的能量减少，一定存在其他物体的能量增加，且减少量和增加量一定相等。

核心考点 5 能量的转化和守恒

1.能量的转化

（1）能量的存在形式：能量的存在有多种形式，如机械能、内能、电能、化学能、光能、核能等。

（2）能量的转化：在一定条件下，各种形式的能量可以相互转化。例如，摩擦生热，机械能转化为内能；水电站里水轮机带动发电机发电，机械能转化为电能;电动机带动水泵把水送到高处,电能转化为机械能;植物吸收太阳光进行光合作用,光能转化为化学能;燃料燃烧时发热,化学能转化为内能……

（3）能量的转移:能量可以从一个物体转移到另一个物体,也可以从物体的一部分转移到另一部分。

2.能量守恒定律

1.定义:能量既不会凭空消灭,也不会凭空产生,它只会从一种形式转化为其他形式,或者从一个物体转移到另一个物体,而在转化和转移的过程中,能量的总量保持不变。这就是能量守恒定律。

2.适用范围:能量守恒定律是自然界中的基本定律之一,不管是在哪里,也不管是什么物体,微观世界也好,宏观世界也好,能量守恒定律总是适用的。

专题二十一　电荷与电路

核心考点 1　两种电荷

1.摩擦起电与两种电荷

考霸笔记

　　带电物体吸引另一物体,并不能说明另一物体一定带电。实验室常用验电器来检测物体是否带电。

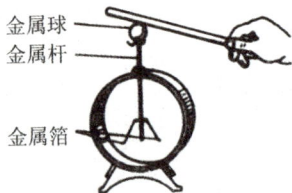

金属球
金属杆

金属箔

验电器

电荷		物体具有吸引轻小物体的性质,物理学中称物体带上了电荷,简称"带电"
两种电荷	正电荷	用丝绸摩擦过的玻璃棒上带的电荷叫做正电荷,用符号"+"表示
	负电荷	用毛皮摩擦过的橡胶棒上带的电荷叫做负电荷,用符号"−"表示
	相互作用	同种电荷相互排斥,异种电荷相互吸引
摩擦起电		(1)用摩擦的方法使物体带电,这种现象叫摩擦起电 (2)摩擦起电的实质是电子的得失(转移),即电子从一个物体转移到另一个物体,摩擦时失去电子的物体带正电荷,得到多余电子的物体带负电荷 (3)摩擦起电的原因是不同物质的原子核束缚电子的本领不同

续表

电荷量	定义	电荷的多少叫电荷量,简称电荷
	单位	在国际单位制中,电荷量的单位是库仑,简称库,用符号"C"表示,1个电子所带的电荷量是 $1.6×10^{-19}$ C
带电体的检验		(1)看物体能否吸引轻小的物体,能吸引就带电,否则就不带电,轻小物体如碎纸屑、绒毛、灰尘、通草小球、泡沫小球等 (2)用验电器来检验 (3)根据电荷间的相互作用来检验
验电器		(1)原理:根据同种电荷相互排斥的规律来检验物体是否带电 (2)用途:①检验物体是否带电;②检验物体带电多少(由验电器金属箔片张开角度大小可知,角度大,带电多) (3)检验物体带电种类

2.静电的应用与防范

静电现象及应用	原理	给物质的微粒带上电以后,带电的微粒就能在异种电荷的吸引下定向运动
	应用	静电复印、静电植绒、静电除尘、静电喷涂等

续表

放电现象 及防范	当带正电的物体和带负电的物体靠近时,常有火花产生,同时发出"啪啪"的响声,这种现象叫做放电 **例如:**①晚上关灯睡觉,从身上脱毛衣套衫时,能听到细微的爆裂声,看到星星点点的闪光,这就是摩擦起电和放电现象。 ②雷雨天气,天空中出现的电闪雷鸣现象是一种大规模的放电现象,有时雷电离地面较近,会给人、畜及建筑物造成危害,因此,人们会在高层建筑物的顶部安装避雷装置

考霸笔记

摩擦起电并不是创造了电荷,只是电荷从一个物体转移到了另一个物体,使正、负电荷分开。

核心考点 2　原子及其结构

1.原子

物质是由分子、原子组成的,分子是由单个或多个原子组成的。

2.原子结构

原子由位于中心的原子核和核外电子组成。原子核带正电,电子带负电。正常情况下,原子核所带正电荷量与电子所带负电荷量是相等的,原子不显电性,即整个原子呈电中性。如果原子的核外电子数减少,则原子带正电;如果核外电子数增加,则原子带负电。

3.元电荷

电子是带有最小负电荷的粒子,它所带的电荷量为 $1.6×10^{-19}$ C,这个电荷量称为元电荷,用字母 e 表示。任何带电体所带的电荷量都是 e 的整数倍。

4.摩擦起电的原因

不同物质的原子核束缚电子的本领不同。两个物体相互摩擦时,原子核束缚电子本领强的物体,就容易得到电子使自己因为有多余的电子而带上等量负电;原子核束缚电子本领弱的物体,因失去电子而使自己带上等量的正电。

核心考点 3 导体、绝缘体与半导体

导体	(1)容易导电的物体叫做导体 (2)金属、人体、大地及酸、碱、盐的水溶液等都是导体 (3)金属是最重要,也是最常用的导体,在金属中有大量的能自由移动的自由电子
绝缘体	(1)不容易导电的物体叫绝缘体,如橡胶、塑料、陶瓷、玻璃等 (2)绝缘体内几乎没有可移动的自由电荷

考霸笔记

(1)导体和绝缘体在一定条件下可以相互转化。

(2)超导现象:某些物质在很低的温度下,电阻就变成了零,这就是超导现象。人们可以使用超导磁悬浮技术实现交通工具的"无摩擦"运行。

续表

半导体	半导体是指导电性能介于导体与绝缘体之间的物质,常见的半导体材料有锗、硅、碲等。另外,大多数金属的氧化物和硫化物等都是半导体,半导体有压敏性、光敏性、热敏性等性质

特别提示:

(1)导体容易导电是由于其内部有大量的可自由移动的电荷,而绝缘体不容易导电是因为其内部几乎没有可移动的电荷

(2)导体与绝缘体没有绝对的界限,在条件(如温度)发生改变时,绝缘体可以变为导体

考霸笔记

形成电流的电荷可能是正电荷,也可能是负电荷,还可能是正负电荷同时向相反方向移动。

核心考点 4 电流与电路

1.电流

(1)形成:电荷的定向移动形成电流。

(2)方向:正电荷移动的方向规定为电流的方向。

(3)电路中形成电流的条件:①有电源;②电路是闭合的。

2.电路

（1）电路及组成：

电路	把电源、用电器、开关用导线连接起来组成流过电流的路径
电源	能够提供持续电流的装置,作用是提供电能,如干电池等
用电器	利用电来工作的器件,工作时消耗一定电能,如灯泡等
开关	控制电路的通断,以便控制用电器的工作情况
导线	电流的路径,输送电能

（2）常用的电路元件及符号：

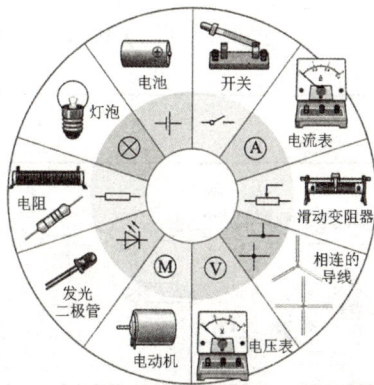

（3）电路的状态：

状态	定义	电路图示	特点
通路	处处连通的电路		电路中有电流，用电器工作
断路（开路）	在某处断开的电路	开关断开　　导线断开	电路中无电流，用电器不工作
短路	不经过用电器而用导线直接将电源的两极相连的电路		用电器不工作，电路中有很大的电流，会损坏电源甚至烧坏导线的绝缘层，引起火灾

考霸笔记

　　断路和短路是常见的两种电路故障。断路产生的原因一般包括开关未闭合、电线断裂、接头松脱等。短路包括电源短路(导线不经过用电器直接跟电源两极连接起来)和用电器短路(当电路中有多个用电器时，把其中部分用电器两端直接用导线连接起来)。

（4）串联电路：

实物图与电路图	

续表

电路路径	只有一条		
工作特点	开关 S_1 断开	三个灯泡均不亮	开关 S_1 同时控制三个灯泡
	开关 S_2 断开	三个灯泡均不亮	开关 S_2 同时控制三个灯泡
	开关 S_3 断开	三个灯泡均不亮	开关 S_3 同时控制三个灯泡
	拧下其中任意一个灯泡	另外两个灯泡都不再发光	各用电器工作时互相影响

考霸笔记

串联电路只有一条路径,且各用电器相互影响。

(5)并联电路:

实物图与电路图	
电路路径	有多条,有干路和支路之分

考霸笔记

并联电路有多条路径,且各用电器不互相影响。

续表

工作特点	开关 S₁ 断开	L₁ 不亮,L₂、L₃ 正常发光	开关 S₁ 只控制 S₁ 所在支路
	开关 S₂ 断开	L₂ 不亮,L₁、L₃ 正常发光	开关 S₂ 只控制 S₂ 所在支路
	开关 S 断开	L₁、L₂、L₃ 均不亮	开关 S 控制整个电路
	拧下其中任意一个灯泡	另外两个灯泡仍能发光	各用电器工作时互不影响

考霸笔记

　　串联电路和并联电路都是最基本的电路,实际生活中的许多电路都是由最基本的电路组合而成的。家庭中的电灯、电冰箱、电视机等用电器大多是并联在电路中的。用来装饰居室、烘托欢乐气氛的彩色小灯泡,有些则是串联和并联组合而成的。

(6)连接串联电路和并联电路:

比较项目	串联电路	并联电路
连接特点	用电器逐个顺次连接,只有一条电流的路径,无分支	各用电器并列地连接在电路的两个点之间,有干路与支路之分
工作特点	任意一个用电器断路不工作,其他用电器均停止工作	某一支路断路时,其他支路上的用电器仍可工作
开关控制特点	电路中任意位置的一只开关,即可控制整个电路的工作	干路开关控制整个电路的所有用电器,支路上的开关只能控制所在支路上的用电器
连接方法和技巧	逐个顺次连接	先串后并法或先并后串法

续表

比较项目	串联电路	并联电路
电路图		

专题二十二　电流

核心考点 **1**　电流及其测量

1.电流

形成	导体中电荷的定向移动形成电流
方向	物理学中规定:正电荷定向移动的方向为电流的方向(与负电荷定向移动的方向相反),因此,电流从电源的正极流出,经过各个用电器最后流回到电源的负极
大小	表示电流强弱的物理量是电流,用字母 I 表示
单位	在国际单位制中,电流的单位是安培,简称安,用符号 A 表示。常用的单位还有毫安(mA)、微安(μA),它们之间的关系为:$1\ \text{mA} = 10^{-3}\ \text{A}$, $1\ \mu\text{A} = 10^{-6}\ \text{A}$

续表

常见的电流值	计算器中电源的电流	约 $100\ \mu A$
	半导体收音机电源的电流	约 $50\ mA$
	手电筒中的电流	约 $200\ mA$
	家庭节能灯中的电流	约 $0.1\ A$
	家用电冰箱的电流	约 $1\ A$
	家用空调器的电流	约 $5\ A$
	雷电电流	约 $2 \times 10^5\ A$

2.电流的测量

(1)认识电流表:

作用	测量电路中电流的大小
电路符号	刻度盘上有符号 A,表示这是以安培为单位的电流表
接线柱	3 个接线柱分别标有"–""0.6""3",其中"–"是公共端,而"0.6"和"3"是两个不同的测量范围,使用时选用其中一个

考霸笔记

　　电流表是用来测量电流大小的仪表,常用的电流表是磁电式电流表(亦称磁电式表头)。电流表按照测量的范围不同,可分为安培表、毫安表和微安表。

续表

量程与分度值	电流表一般有两个量程。当量程为 0~3 A 时,最小分度值是 0.1 A;当量程为 0~0.6 A 时,最小分度值是 0.02 A

特别提示:

电流表指针指在某一位置时,大量程的示数是小量程示数的 5 倍

（2）电流表的使用:

会接	(1)电流表必须串联在待测电路中
	(2)必须使电流从"+"接线柱流入,从"-"接线柱流出
	(3)绝对不允许不经过用电器将电流表的两个接线柱直接接在电源两极上,否则会烧坏电流表
	(4)待测电流不能超过所用的量程
会选	(1)在接入电路前,先估算电流大小,若待测电流小于 0.6 A,应选0~0.6 A量程;若待测电流在 0.6~3 A,应选 0~3 A 量程
	(2)如果不能估算,应选接大量程接线柱,试触后再根据指针偏转的情况,接到相应的接线柱上

考霸笔记

（1）电流表的内阻很小,可视为零,接入电路不会影响电路中电流的大小。所以在使用时,不允许把电流表直接连到电源的两极,这样会造成电流过大,烧坏电流表。

（2）当偏转角很小时换用小量程是为了提高测量的准确度。所以用大量程测量而偏角很小时,应该换用小量程。

续表

会试	电路接好后,在正式接通电源前,必须试触,同时观察电流表指针的偏转情况: (1)指针不偏转,可能是待测电路开路,电流表中无电流;也可能是电流表本身有故障,应加以排除 (2)指针反向偏转,可能是正、负接线柱接反,应改接 (3)指针正向偏转过大,超过最大刻度,是量程选择偏小,应改接较大量程 (4)指针偏转很小刻度,是量程选择偏大,应改接较小量程
会读	会读的关键是能够根据所选的量程,正确判断出最小刻度值是多少安,再根据指针的位置,正确读出所表示的电流值,可采取"中点助读"法,"先看量程,再看中点,然后读数",即先看所选量程,然后知道指针相邻两个标度值中点的电流值,最后再读指针处的电流值 另外,电流表使用前还应该检查指针是否在零刻度处,若有偏差,可旋转电流表正面中间的调零螺旋使指针指在零刻度线。总之,正确读出电流表的示数时应看清两点: (1)看清电流表使用的是哪个量程,从而知道指针满偏时所表示的电流值 (2)看清每个大格分成几个小格,以及它们各表示的电流值

(3)电流表的具体使用规则：

使用规则	违反使用规则造成的后果
电流表必须和被测量的用电器串联	如果把电流表和被测电器并联,则电流不通过用电器,用电器被短接,并且很容易损坏电流表
电流必须从电流表"+"接线柱流入,从"-"接线柱流出	如果正、负接线柱接反,则电流表的指针反向偏转,不仅测不出电流,指针还会被打弯
被测电流不能超过电流表的量程	如果被测电流超过电流表的量程,则指针偏转的角度过大,指针会被打弯,还可能烧坏电流表
绝对不能把电流表直接接到电源的两极上	电流表可以看成一根导线,若把电流表直接连接到电源的两极上,会造成短路,烧坏电流表,并可能损坏电源

核心考点 **2** 串、并联电路中的电流规律

1.串联电路中的电流规律

提出问题	串联电路中各处的电流有什么关系
猜想与假设	(1)在如图所示的电路中,从电流的流向看,A 点的电流可能最大,B 点的电流小一些,C 点的电流最小 (2)由于串联电路的电流只有一个通路,A、B、C 三处的电流大小相同
制订计划与设计实验	分别测出 A、B、C 三点的电流,然后进行比较,检验猜想是否正确
实验器材	两节干电池、开关、规格不同的几个灯泡、电流表、若干导线

考霸笔记

串联电路中,电流处处相等,因此,在串联电路中只要测出任何一个位置的电流,就知道了其他位置的电流。

续表

实验过程	将一只电流表分别串联在 A、B、C 三处（如图所示），合上开关后，将电流表的示数记录在表格中

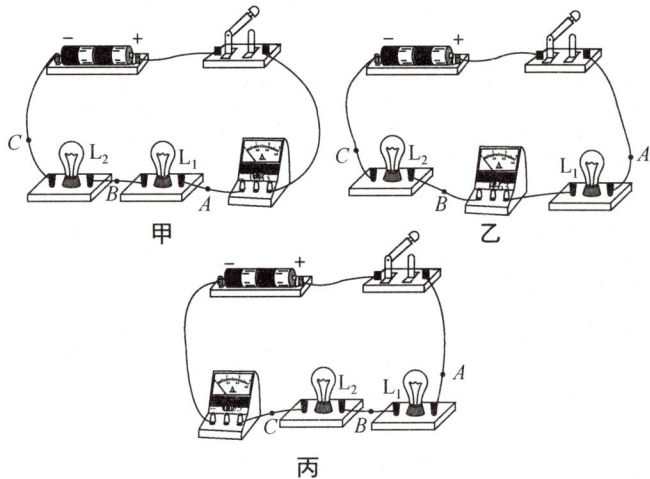

甲

乙

丙

续表

实验记录		
	电流表的位置	电流表的示数 I/A
	A 处	0.20
	B 处	0.20
	C 处	0.20

交流论证	分析测量结果可知,无论灯泡规格是否一样,串联在电路中时,通过它们的电流都是相等的,可见猜想(2)是正确的
得出结论	在串联电路中,各处的电流都相等,表达式为 $I_A = I_B = I_C$
提示	本实验属于归纳法,实验过程中全部测量完一次后,再更换不同规格的灯泡重复测量三次以上,避免实验存在的偶然性,使实验结论具有普遍性

2.并联电路中的电流规律

提出问题	在并联电路中,干路电流与支路电流之间有什么关系
猜想依据	并联电路的电流,相当于如图所示的水流,左侧主管中的水分流到两条支管中,再汇合到右侧的主管中,那么,两条支管中的水流之和总等于主管中的水流,这就相当于并联电路中干路中的带电粒子分到两条支路上,再汇合到干路中,即干路中的电流等于两条支路电流之和,即 $I_干 = I_1 + I_2$。 由此可以猜想:在并联电路中,干路电流等于各支路的电流之和
制订计划与设计实验	如图所示,分别测出 A、B、C 三点的电流,然后进行比较,检验猜想
实验器材	两节干电池、开关、规格不同的几个灯泡、电流表、若干导线

续表

实验过程	分别把电流表接入 A、B、C 三点处,测量流过的电流,看看它们之间有什么关系(如图所示) 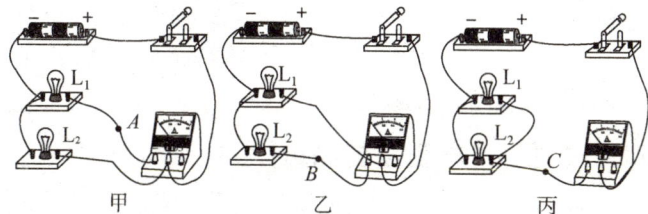 甲　　　　乙　　　　丙

实验记录	电流表的测量对象	电流表的示数 I/A
	L_1 所在支路	0.28
	L_2 所在支路	0.32
	干路	0.60

交流论证	从表中数据可以判断猜想是正确的
得出结论	在并联电路中,干路电流等于各支路电流之和,表达式为 $I_C = I_A + I_B$

专题二十三 电压

核心考点 1 电压及其测量

1.电压

我们规定正电荷的流动方向为电流方向,电路一般都是电子(负电荷)的流动,所以电源外部就是电流从正极流向负极(即电子从负极流向正极)。电源内部电流从负极流向正极(即电子从正极流向负极),电源做负功,这个过程电源要消耗其他能量转化为电能。

电压的作用	电压是使自由电荷发生定向移动形成电流的原因;电压用符号 U 表示
电压的提供	电源的作用是给用电器两端提供电压,电源内部不断地使正极聚集正电荷,负极聚集负电荷,使其两极间产生电压,因此电源是提供电压的装置,不同的电源提供的电压不同,电路两端的电压可用电压表来测定
一些常用电压值	一节干电池的电压为 1.5 V;一节铅蓄电池的电压为 2 V;对人体的安全电压不高于 36 V;我国家庭电路电压为 220 V;电子手表用的氧化银电池电压为 1.5 V;手机用的锂电池电压为 3.7 V

续表

单位及换算	电压的单位有伏(V),还有千伏(kV)、毫伏(mV)、微伏(μV),它们的换算关系:$1\ kV = 10^3\ V$;$1\ V = 10^3\ mV$;$1\ mV = 10^3\ μV$

2.类比理解电压的作用

水压	电压
 水流的形成	 电流的形成
在 A、B 两杯间安一台抽水机,将 B 杯中的水不断地抽到 A 杯,保持 A、B 杯的水位差(即水压)存在,就可以得到持续的水流	在 A、B 两板间加上相当于抽水机作用的电源,使 A 板不停地聚集正电荷,B 板不停地聚集负电荷,保持 A、B 两板间有一定电压存在,则电路中会有持续的电流
抽水机 $\xrightarrow{\text{保持}}$ 水压 $\xrightarrow{\text{形成}}$ 水流	电源 $\xrightarrow{\text{保持}}$ 电压 $\xrightarrow{\text{形成}}$ 电流
水压是形成水流的原因	电压是形成电流的原因

3.电压的测量

（1）电压表及其使用：

标记		刻度盘上标有符号 V,表示这是以伏特为单位的电压表
接线柱		学校实验室常用的电压表有 3 个接线柱,两个量程,3 个接线柱标有"–""3""15"
量程		标尺分两行,表示两个量程,当用"–"和"3"两个接线柱时表示用 0~3 V 量程,当接"–"和"15"两个接线柱时表示用 0~15 V 量程
正确使用	会接	测量时要将电压表并联在测量电路中,电流从"+"接线柱流入电压表,从"–"接线柱流出,待测电压不能超出电压表量程
	会选	根据待测电压的大小选择适当的量程
	会试	估计待测电压的大小,没有把握时,可以用"试触"的方法来判断测量的电压是否超出量程
	会读	根据所选量程,从相应的刻度读取数据,注意指针指在同一位置时,大量程示数是小量程示数的 5 倍

（2）电压表使用说明：

使用方法	原因
首先调零,同时弄清电压表的量程和分度值	不调零,测量不准
并联在被测电路两端	电压表实质上相当于阻值无穷大的电阻,将电压表串联在电路中,电路就可以近似看成从电压表处形成断路,电路中几乎没有电流,虽然电压表不至于被损坏（量程合适）,但这样是测不出被测电路两端的电压的
"+"接线柱流入,"-"接线柱流出	电压表的"0"刻度通常在表盘的左端,如果电流的流向相反,会使电压表指针反向偏转,造成指针碰弯等损坏电压表的事故。我们检查接线柱的接法是否正确时,要抓住电流的流向加以分析
被测电压值不能超过所用量程	电压表的量程是指电压表能够测量的最大值,如果待测电压超过了电压表的量程,容易把电压表烧坏,选用量程的方法与电流表相同,可用试触法选择
可直接接在电源的两端	所测出的电压是电源电压

考霸笔记

电压表内阻很大,接入电路后相当于开路。由于这个特点,电压表可以直接接到电源两端测量电源电压。如果电压表在使用过程中与用电器串联,电路就相当于开路了。

(3)电压表使用规则：

一个不能	测量值不能超过所用的量程	
两上必须	必须与待测电阻并联，必须"正"进"负"出	
三先三后	先调零后使用，先试触后接线，先明确量程后读数	
几种常见故障的排除方法	指针不偏转	可能电路有断开处，也可能电压表连接不正确；要注意电路有无其他异常，并将故障排除
	指针反向偏转	接线柱接反，应改接
	指针正向偏转超过了刻度最大值	量程选错，应改接较大量程
	指针正向偏转很小角度	量程选择不合适，可以根据实际情况改选较小量程

(4)电压表与电流表比较：

比较项目	仪表	
	电压表	电流表
用途	测量电路两端的电压	测量电路中的电流
符号	—Ⓥ—	—Ⓐ—
连接方法	并联在被测电路的两端	串联在被测电路中

续表

比较项目	仪表	
	电压表	电流表
与电源相接	能够直接连在电源两极上	绝对不允许不经过用电器直接连到电源两极上
位置效果	在同一电路中,并联位置变了,效果也变了	在同一电路中串联位置变了,效果不变
量程大小	0~3 V 或 0~15 V	0~0.6 A 或 0~3 A
最小刻度值	0.1 V 或 0.5 V	0.02 A 或 0.1 A
相同点	使用前要调指针在零刻度处,弄清最小刻度值、量程。使用时要使电流从正接线柱进负接线柱流出,要选择合适量程,要等指针稳定时再读数值,不能估计出电流值或电压值时可用试触法判断是否超过量程	

核心考点 2　串、并联电路中的电压规律

1.串联电路中的电压规律

(1)设计实验:分别把电压表连在图甲所示电路的 *AB* 两点、*BC* 两点、*AC* 两点,试着找出串联电路中各用电器两端的电压与电源两端电压的关系。改变两

考霸笔记

　　如果两只灯泡完全相同,还会得出 $U_{AB}=U_{BC}$,以及串联电路中各部分电路两端电压相等的结论。该结论具有特殊性,不具备一般性。因此,可换用两只不同规格的灯泡进行实验。

个小灯泡的规格,重复实验。

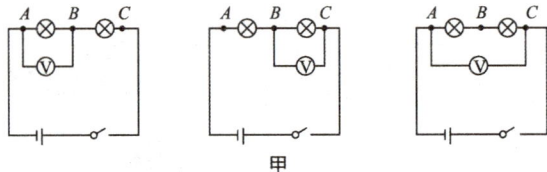

甲

(2)实验结论:$U_{AC} = U_{AB} + U_{BC}$。当电路中有多个用电器串联时,串联电路中电源两端电压等于各用电器两端电压之和,表达式为 $U = U_1 + U_2 + U_3 + \cdots + U_n$。

2.并联电路中的电压规律

(1)设计实验:分别把电压表并联在如图乙所示的电路的 AB 两点、CD 两点、EF 两点,试着找出它们之间的电压有什么关系;换上不同规格的灯泡,再次测量,看看是否还有同样的关系。在连接电压表时,要注意电压表量程的选择。

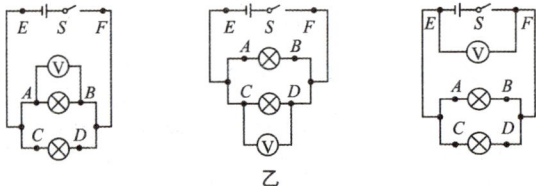

乙

(2)实验结论:$U_{EF} = U_{AB} = U_{CD}$。当电路中有多个用电器并联时,各支路用电器两端的电压相等,都等于电源两端电压,表达式为 $U = U_1 = U_2 = \cdots = U_n$。

考霸笔记

并联电路中各支路用电器两端的电压相等,但同一电路中两端电压相等的两个用电器不一定并联。

专题二十四 电阻

核心考点 1 电阻

1.电阻

项目	内容
定义	表示导体对电流阻碍作用的大小
符号	电阻常用字母 R 表示,在电路图中的符号为——□——
单位	欧姆,简称欧,用符号"Ω"来表示。还有一些常用的单位:千欧($k\Omega$)、兆欧($M\Omega$)。电阻单位之间的换算关系:$1\ k\Omega = 10^3\ \Omega$,$1\ M\Omega = 10^3\ k\Omega = 10^6\ \Omega$

考霸笔记

电阻是导体本身固有的一种属性,不同导体的导电能力是不同的。

绝缘体之所以能起到绝缘的作用,就是由于其电阻很大的缘故。

续表

项目	内容
影响电阻大小的因素	(1)导体的电阻是导体本身的一种属性,它只与导体的材料、长度、横截面积有关,与通过的电流和两端的电压无关,在材料相同时,长度越长,横截面积越小,电阻越大,相反则越小 (2)大多数导体在温度升高时电阻增大,温度变化在几十摄氏度以内,不考虑温度对电阻的影响;温度变化在几百到上千摄氏度时,电阻的变化很大,不能忽略

2.实验探究影响电阻大小的因素——控制变量法

(1)电阻的大小是否跟导线的长度有关:选用粗细相同、长度不同的两根镍铬合金丝,分别将它们接入电路中,观察电流表的示数,比较流过长短不同的镍铬合金丝电流的大小。

(2)电阻的大小是否跟导线的粗细有关:选用长度相同、横截面积不同的两根镍铬合金丝,分别将它们接入电路中,观察电流表的示数,比较流过粗细不同的镍铬合金丝电流的大小。

(3)电阻的大小是否跟材料有关:选用长度、横截面积都相同的锰铜丝和镍铬合金丝,分别把它们接入电路中,观察电流表的示数,比较材料不同时电流的大小。

考霸笔记

物理学中对于多因素(多变量)的问题,常常采用控制因素(变量)的方法,把多因素的问题变成多个单因素的问题。每一次只改变其中的某一个因素,并控制其余几个因素不变,从而研究被改变的这个因素对事物的影响,然后分别加以研究,最后再综合分析,这种方法叫控制变量法。它是科学探究中的重要思想方法,被广泛地运用在各种科学探索和科学实验研究之中。例如,探究影响蒸发快慢的因素;探究影响滑动摩擦力大小的因素;等等。

（4）电阻的大小是否跟温度有关:将废旧白炽灯泡中的钨丝小心取出,接入电路中,闭合开关后用酒精灯给钨丝加热,观察电流表示数,如果电流表示数发生变化,则说明电阻与导体的温度有关。

实验结论:导体的电阻是导体本身的一种性质,它的大小与导体的长度、横截面积、材料和温度等因素有关。同种材料的导体越长、横截面积越小,电阻越大。导体电阻还受温度影响。

核心考点 2 变阻器

1.滑动变阻器

原理	靠改变接入电路中电阻线的长度来改变电阻		
作用	（1）改变电路中的电阻,从而改变电路中的电流和某段电路两端的电压 （2）限制电流,保护电路		
构造和符号	构造	简图	电路符号

续表

使用注意事项	(1)要了解所使用变阻器的阻值范围和允许通过的最大电流。如一个滑动变阻器标有"50 Ω 1.5 A"字样,表示此滑动变阻器的最大阻值是 50 Ω,允许通过的最大电流是 1.5 A,使用时要根据需要对滑动变阻器进行选择,不能使通过的电流超过允许通过的最大值 (2)将滑动变阻器连入电路时应采用两个接线柱"一上一下"的接法,不能同时使用上面两个接线柱($R=0$),也不能同时只使用下面两个接线柱($R=$定值,即最大阻值),这样起不到改变电路中电阻的目的。为了保护电路,在闭合开关前应将滑片置于最大阻值处(即将滑片置于"一下"的另一端)

2.电阻箱

考霸笔记

电阻箱的优点是能够直接读出连入电路的电阻值;缺点是不能连续地改变连入电路的电阻值。

定义	一种能够显示出阻值的变阻器
使用	使用时,把面板上的两个接线柱接入电路,调节四个旋盘,使之可以得到 0~9 999 Ω 之间的阻值(注意所得阻值只能是 1 的整数倍,电阻值是跳跃式变化,不能连续变化)

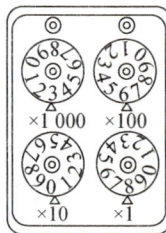

续表

读数方法	把各旋盘所对应的三角指示点示数乘面板上标记的倍数,然后相加在一起,就得到了电阻箱连入电路中的阻值,如上图示数,其阻值为(3×1 000+6×100+0×10+8×1) Ω=3 608 Ω

3.变阻器的应用

(1)机械式电位器:家用电器的档位调节器件实质就是一种变阻器,通常称为机械式电位器,它通过机械式旋钮调节阻值大小。可调节亮度的电灯,可调温度的电热毯、电饭锅等都含有电位器。

(2)数字电位器:数字电位器是用数字信号控制阻值的器件(集成电路)。它耐震动、噪声小、寿命长、抗环境污染,在自动检测与控制、智能仪器仪表、消费类电子产品等许多领域得到应用。

考霸笔记

利用电位器调节耳机音量

专题二十五　欧姆定律

核心考点 **1**　探究电流与电压、电阻的关系

实验目的	探究电流跟电压的关系	探究电流跟电阻的关系
控制变量	控制电阻不变,改变电压	控制电压不变,改变电阻
电路图		
实验过程	电阻不变,调节滑动变阻器改变导体两端的电压,从电压表上读出导体两端的电压值,从电流表上读出通过导体的电流	更换不同的电阻,通过调节滑动变阻器,控制电压表的示数不变,即电阻两端的电压不变,观察电流表示数的变化

续表

$R = 10\ \Omega$		$U = 3\ \text{V}$	
电压/V	电流/A	电阻/Ω	电流/A
2.4	0.24	5	0.6
1.8	0.18	10	0.3
1.2	0.12	20	0.15

实验数据（左栏） / **实验图象** / **分析论证**

分析论证（左）从实验数据可以看出电流和电压有关，电流随电压的增大而增大，将实验数据通过图象的形式表示出来，由图象可知，电流的大小与电压成正比

分析论证（右）从实验数据可以看出电流和电阻有关，电流随电阻的增大而减小，将实验数据通过图象的形式表示出来，由图象可知，电流的大小与电阻成反比

考霸笔记

在物理学中，经常利用图象表示一个物理量随另一个物理量的变化情况，它可以直观、形象地表示出物理量的变化规律。在探究电流跟电压、电阻的关系的实验中，就应用了图象法。对实验得到的数据进行描点，分别画出电阻不变时电流随电压变化的图象和电压不变时电流随电阻(或电阻的倒数)变化的图象，分析图象，进而可得出电流跟电压、电阻的关系。

考霸笔记

欧姆（Georg Simon Ohm, 1787—1854），德国物理学家。从 1825 年开始研究电流与电源及导线长度的关系，于 1826 年发现了电阻中电流与电压的正比关系，即著名的欧姆定律。他还证明了导体的电阻与其长度成正比，与其横截面积和传导系数成反比；在稳定电流的情况下，电荷不仅在导体的表面上，而且在导体的整个截面上运动。电阻的国际单位"欧姆"就是以他的名字命名的。

核心考点 2　欧姆定律

1.欧姆定律

内容	导体中的电流,跟导体两端的电压成正比,跟导体的电阻成反比
公式及单位	公式:$I=\dfrac{U}{R}$ 式中 I 表示导体中的电流,U 表示导体两端的电压,R 表示导体的电阻。U 的单位为伏特(V),R 的单位为欧姆(Ω),I 的单位为安培(A)
变形式	求电压:$U=IR$;求电阻:$R=\dfrac{U}{I}$

2.使用欧姆定律的注意事项

适用范围	欧姆定律适用于从电流正极到负极之间的整个电路或其中某一部分电路,并且是纯电阻电路,对于含电动机的电路不成立
同体性	I、U、R 是对同一导体或同一电路而言的,三者要一一对应,不同导体之间的电流、电压、电阻不存在上述关系

续表

同时性	在同一部分电路上,开关的闭合及滑动变阻器滑片的移动,都会导致电路中电流、电压、电阻的变化,公式 $I=\dfrac{U}{R}$ 中的三个量必须是同一时间的值
统一性	公式中的三个物理量必须使用国际单位制中的单位,即 I 的单位是安培,U 的单位是伏特,R 的单位是欧姆

核心考点 3　电阻的测量

1.伏安法测导体的电阻

原理	实验原理:$R=\dfrac{U}{I}$。由公式可知,测出导体两端的电压和通过导体的电流,就可以求出导体的电阻,这种测电阻的方法叫伏安法
器材	电源、开关、电压表、电流表、滑动变阻器、待测电阻(小灯泡)、若干导线
步骤	(1)按电路图连接好电路 (2)检查电路后闭合开关,调节滑动变阻器的滑片,改变被测电阻两端的电压,读出三组电压值和电流值,记入数据表格中

考霸笔记

(1)电阻一定时,电压跟电流成正比。这里存在一个逻辑关系,电压是原因,电流是结果,是因为导体两端加了电压,导体中才有电流,不是因为导体中通了电流才有了电压,因果关系不能颠倒。

(2)不能说导体的电阻与通过它的电流成反比。电阻是导体本身的一种性质,即使导体中不通电流,它的电阻也不会改变,更不会因为导体中电流的增大或减小而使它的电阻发生改变。

续表

考霸笔记

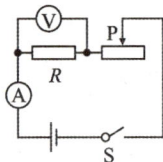

伏安法测电阻电路图

步骤	(3)数据处理:根据 $R=\dfrac{U}{I}$ 算出三次的电阻值 R_1、R_2、R_3,为了减小误差,求出它们的平均值作为被测电阻的阻值,即 $\bar{R}_x=\dfrac{R_1+R_2+R_3}{3}$

特别提示:

(1)连接电路时,开关 S 应是断开的

(2)闭合开关 S 前,滑动变阻器的滑片 P 应置于接入电路阻值最大位置处

(3)电压表和电流表选择的量程要正确,"+""-"接线柱的接法要正确

(4)检查电路连接正确无误后,再闭合开关 S

(5)按照电路图连接实物时,为不造成连接上的混乱,可先将干路上的元件串联起来,最后再把电压表并联在待测电阻两端

(6)据电路设计图连接实物图时,注意连接顺序及元件状态上的一一对应性

2.测电阻的其他方法

图示	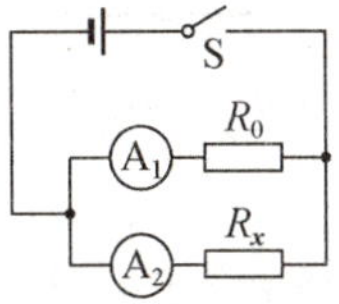	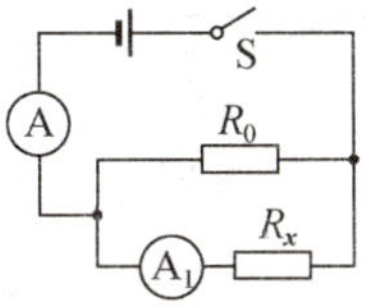	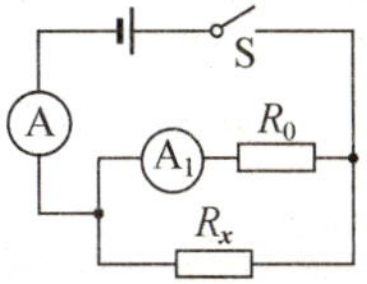
方法一	闭合 S,记下 A_1 的示数 I_1 和 A_2 的示数 I_2,表达式:$R_x=\frac{I_1R_0}{I_2}$	闭合 S,记下 A 的示数 I 和 A_1 的示数 I_1,表达式:$R_x=\frac{I-I_1}{I_1}R_0$	闭合 S,记下 A 的示数和 A_1 的示数 I_1,表达式:$R_x=\frac{I_1R_0}{I-I_1}$
图示	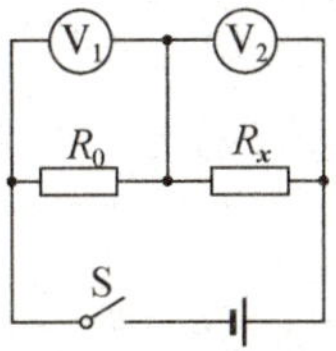	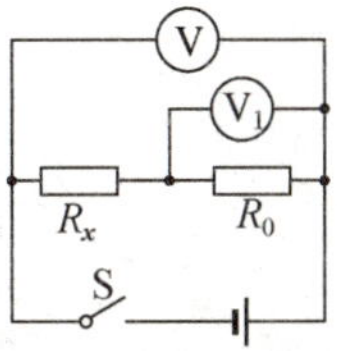	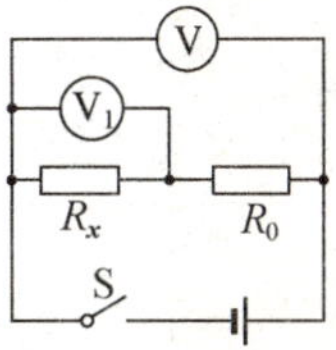
方法二	闭合 S,记下 V_1 的示数 U_1 和 V_2 的示数 U_2,表达式:$R_x=\frac{U_2}{U_1}R_0$	闭合 S,记下 V 的示数 U 和 V_1 的示数 U_1,表达式:$R_x=\frac{U-U_1}{U_1}R_0$	闭合 S,记下 V 的示数 U 和 V_1 的示数 U_1,表达式:$R_x=\frac{U_1}{U-U_1}R_0$

针对训练

如图所示的电路中，电阻 R_1 的阻值为 10 Ω。闭合开关 S，电流表 A_1 的示数为 2 A，电流表 A_2 的示数为 0.8 A，则电阻 R_2 的阻值为_____Ω。

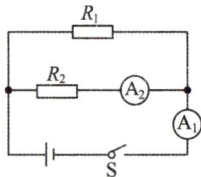

【解析】闭合开关 S，R_1 与 R_2 并联，电流表 A_1 测干路电流，即 R_1 与 R_2 的电流之和，电流表 A_2 测 R_2 电流，则 R_1 的电流 $I_1 = I - I_2 = 2\ \text{A} - 0.8\ \text{A} = 1.2\ \text{A}$。并联电路中，电源电压与各支路电压相等，则有 $U = U_2 = U_1 = I_1 R_1 = 1.2\ \text{A} \times 10\ \Omega = 12\ \text{V}$，则得出 $R_2 = \dfrac{U_2}{I_2} = \dfrac{12\ \text{V}}{0.8\ \text{A}} = 15\ \Omega$。

核心考点 4　串联、并联电路中电流、电压和电阻的规律比较

电路图		
电流	$I = I_1 = I_2$ $I = I_1 = I_2 = \cdots = I_n$	$I = I_1 + I_2$ $I = I_1 + I_2 + \cdots + I_n$
电压	$U = U_1 + U_2$ $U = U_1 + U_2 + \cdots + U_n$	$U = U_1 = U_2$ $U = U_1 = U_2 = \cdots = U_n$
电阻	$R = R_1 + R_2$ $R = R_1 + R_2 + \cdots + R_n$ 若电阻均为 r，则 $R = nr$	$\dfrac{1}{R} = \dfrac{1}{R_1} + \dfrac{1}{R_2}$ $\dfrac{1}{R} = \dfrac{1}{R_1} + \dfrac{1}{R_2} + \cdots + \dfrac{1}{R_n}$ 若电阻均为 r，则 $R = \dfrac{r}{n}$

专题二十六　电功率

核心考点 1　电能和电功

1.电能

（1）定义：电能是一种能源，这种能源可以让各种各样的用电器工作。

（2）来源：电能可以由太阳能、风能、水能等各种形式的能转化而来，是"二次能源"。

（3）单位：生活中常用的电能单位是千瓦时（度），符号是 kW·h；在物理学中电能的单位是焦耳，符号是 J。它们之间的换算关系是 $1\ kW·h=3.6\times10^6\ J$。

2.测量电能的工具——电能表

作用	用来测量用电器在某一段时间内消耗的电能

考霸笔记

日常生活中使用的电能主要来自其他形式能量的转化，包括水能、内能、原子能、风能、化学能及光能等。

续表

铭牌及意义		(1)"220 V"是说这个电能表应该在 220 V 的电路中使用 (2)"5（10）A"表示这个电能表的标定电流是 5 A,在短时间内应用时电流允许大一些,但不能超过 10 A (3)"50 Hz"表示这个电能表在频率为 50 Hz 的交流电路中使用 (4)"2 500 r/kW·h"表示接在这个电能表上的用电器,每消耗 1 kW·h 的电能,电能表上的转盘转过 2 500 转
读数方法		电能表前后两次的示数之差就是用电器在示数差对应的这段时间内消耗的电能
种类		除了目前使用较普遍的机械式电能表之外,常用的还有 IC 卡电能表,其示数是由液晶板显示的

考霸笔记

目前常用的电能表是 IC 卡式的,用户将 IC 卡充值后插入电能表,电能表自动读取卡中的金额。另外,随着信息技术的发展,出现了远程售电系统,方便了用户交费。

2.电功

实质	电流做功的过程,实际上就是电能转化为其他形式能量的过程,电流做了多少功,就消耗了多少电能,就有多少电能转化为其他形式的能量
定义	电流在某段电路上所做的功叫做电功,用符号 W 表示
大小	电流在某段电路上所做的功,等于这段电路两端的电压、电路中的电流和通电时间的乘积
公式	$W = UIt$
测量	电能表用来测量电路消耗的电功,或者说是测量用户的用电器在一定时间内消耗的电能

考霸笔记

串联电路中电流做功的特点及分配关系

特点:电流所做的总功等于各部分用电器电流所做功之和,即 $W = W_1 + W_2 + \cdots + W_n$

分配关系:电流通过各电阻所做的功与其电阻成正比,即 $W_1 : W_2 = R_1 : R_2$

并联电路中电流做功的特点及分配关系

特点:电流所做的总功等于各部分用电器电流所做功之和,即 $W = W_1 + W_2 + \cdots + W_n$

分配关系:电流通过各电阻所做的功与其电阻成反比,即 $W_1 : W_2 = R_2 : R_1$

核心考点 2　电功率

1.电功率及其测量

	意义	表示电流做功的快慢
	定义	用电器单位时间内所消耗的电能,或者电流在单位时间内所做的电功叫做电功率
	定义式	$P=\dfrac{W}{t}=UI$,其中 P 表示电功率,W 表示电功,t 表示做功的时间
	单位	电功率的单位是瓦特,简称瓦(W),另外还有千瓦(kW) $1\ \text{kW}=10^3\ \text{W}$
测量	伏安法	用电压表测量被测用电器两端的电压 U;用电流表测量通过用电器的电流 I,利用公式 $P=UI$ 计算电功率
	两表法	用电能表测量某一用电器所消耗的电能 W,用手表(或停表)测量消耗这些电能所用的时间 t,利用公式 $P=\dfrac{W}{t}$ 计算电功率

2.常用电器的电功率

电器名称	功率	电器名称	功率
家用空调	约1 000 W	微波炉	约800 W
电炉	约1 000 W	电热水器	约1 500 W
电吹风机	约500 W	电熨斗	约500 W
洗衣机	约500 W	液晶电视机	约100 W
台式计算机	约200 W	电冰箱	约140 W
抽油烟机	约140 W	吸尘器	约800 W
电扇	约50 W	手电筒	约0.5 W
计算器	约0.5 mW	电子表	约0.01 mW

考霸笔记

"千瓦时"的来历

如果电功率单位用千瓦(kW),时间单位用小时(h),则相乘后得到的电能单位就是千瓦时(kW·h)。1千瓦时可以看做电功率为1 kW的用电器使用1 h所消耗的电能。

3.实际功率与额定功率

额定电压	用电器正常工作时的电压。用电器上标明的电压值就是额定电压值,可以用$U_{额}$表示	实际电压	用电器实际工作时的电压,可以用$U_{实}$表示。实际电压可能等于额定电压,也可能大于或小于额定电压

续表

额定电流	用电器在额定电压下工作时的电流,用电器上标明的电流值就是额定电流,可以用 $I_{额}$ 表示	**实际电流**	用电器实际工作时的电流,可以用 $I_{实}$ 表示,实际电流可能等于额定电流,也可能大于或小于额定电流
额定功率	用电器在额定电压下的功率,用电器上标明的功率值就是额定功率,可以用 $P_{额}$ 表示: $P_{额}=U_{额}I_{额}$	**实际功率**	用电器在实际电压下的功率,它可能等于额定功率,也可能大于或小于额定功率,可以用 $P_{实}$ 表示: $P_{实}=U_{实}I_{实}$

特别提示:

当 $U_{实}=U_{额}$ 时, $P_{实}=P_{额}$,用电器正常工作;当 $U_{实}<U_{额}$ 时, $P_{实}<P_{额}$,用电器不能正常工作;当 $U_{实}>U_{额}$ 时, $P_{实}>P_{额}$,用电器有可能损坏

4.测量小灯泡的功率

原理	用电压表测得用电器两端的电压,用电流表测得用电器中的电流,利用电功率公式 $P=UI$ 可计算电功率
器材	小灯泡、开关、电源、电流表、电压表、滑动变阻器、导线
电路	
步骤	(1)根据电路图连接实物图 (2)检查电路连接是否正确,闭合开关开始实验 (3)调节滑动变阻器滑片 P 的位置,先后使电压表的示数小于、等于和略大于小灯泡的额定电压,观察小灯泡的亮度,并计算出相应的实际功率
结论	当 $U_实>U_额$ 时,$P_实>P_额$,小灯泡发光较亮 当 $U_实=U_额$ 时,$P_实=P_额$,小灯泡正常发光 当 $U_实<U_额$ 时,$P_实<P_额$,小灯泡发光较暗

考霸笔记

灯泡的亮度取决于它的实际功率。实际生活中的照明电路是并联电路,如果并联的用电器越多,并联部分的总电阻就越小,在总电压不变的条件下,电路中的总电流就越大,因此输电线上的电压降就越大,这样,分给用电器的电压就越小,每个用电器消耗的功率也就越小。所以电灯在打开数量少时比数量多时要亮些。晚上七八点钟,大家都用电灯照明,所以电灯发的光就比深夜时的暗。

续表

特别提示：

(1)电源电压应高于小灯泡的额定电压,例如:测定额定电压为2.5 V的小灯泡的电功率时,至少要选两节干电池串联做电源

(2)电压表的量程应大于小灯泡的额定电压,电流表的量程要大于小灯泡正常工作的电流

(3)滑动变阻器允许通过的最大电流要大于小灯泡的正常工作电流,而滑动变阻器的最大电阻值应与小灯泡的电阻差不多,以使调节效果明显

(4)移动滑动变阻器使灯泡两端电压高于额定电压时要注意,实际电压不能超过额定电压的1.2倍,时间不能过长,否则容易烧坏小灯泡

核心考点 3 焦耳定律

1.电流的热效应

电流通过导体时电能转化成内能,这种现象叫电流的热效应。

2.探究电流的热效应与电阻的关系

<table>
<tr>
<td rowspan="3">设计
实验</td>
<td>

(1)怎样比较通电导体产生热量的多少？如图所示,将一段电阻丝浸没在一定质量的液体(如煤油)中,通电时电阻丝产生的热量被液体吸收,液体的温度就会升高。导体产生的热量越多,液体吸热后温度的升高也越大。因此,我们可以通过比较相等质量的同种液体温度升高的多少来比较电阻丝发热量的多少

(2)要研究通电导体电阻的大小对产生热量的影响,可以选择两个阻值不同的电阻丝(如电阻较小的铜丝和电阻较大的镍铬合金丝)。实验时,需控制通过两个电阻丝的电流大小相等,为此,可以将它们串联在电路中。此外,还应当控制它们的通电时间相等

(3)要研究导体中电流的大小对产生热量的影响,应该使电阻丝的阻值不变,而使通过电阻丝的电流大小改变。实验时,只要调节串联在电路中的滑动变阻器就可以改变电路中电流的大小

</td>
</tr>
</table>

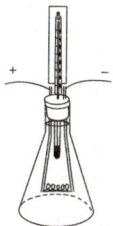

考霸笔记

电流三大效应

电流热效应:电流通过导体时,导体会发热的现象,如电炉、电热毯、电熨斗、电烤箱、电饭锅等。

电流化学效应:电流流过溶液时,会产生化学反应的现象,如工业生产中的电镀。

电流磁效应:电流通过导体时,导体周围产生磁场的现象,如电磁铁、电磁继电器等。

续表

进行实验	(1)按图所示的电路图连接电路,通电一定时间后切断电源,分别观测不同电阻丝所在液体温度的变化 铜丝　　　　　　　　镍铬合金丝 (2)保持通电时间相同,调节滑动变阻器改变通过电阻丝的电流大小,观测其中一根电阻丝(如镍铬合金丝)所在液体温度的变化 (3)延长通电时间,观测液体温度的变化
实验结论	电流通过电阻丝时产生的热量与导体本身的电阻、通过导体的电流以及通电时间有关。导体的电阻越大、通过导体的电流越大、通电时间越长,电流通过导体时产生的热量越多

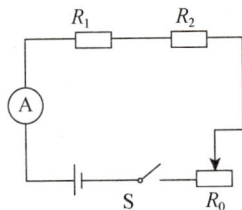

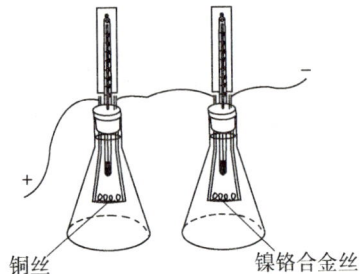

3.焦耳定律及其应用

电流的热效应		导体中有电流通过时,导体要发热,这种现象叫做电流的热效应
焦耳 定律	规律	大量实验表明:电流通过导体时所产生的热量 Q,跟电流的二次方成正比,跟导体的电阻成正比,跟通电时间成正比
	公式	当热量、电流、电阻、时间分别采用国际单位制的单位焦、安、欧、秒时,焦耳定律可以用公式表示:$Q = I^2 Rt$(正比例系数是 1)
电热的利与弊		利:制成各种电热器(纯电阻),通电时,电流做的功全部用于产生热量;热效率高,控制和调节温度方便,清洁 弊:非电热器中也存在电阻,通电也产生热量,即也有一定电能转变成无用的热量,造成电能的浪费,大功率用电器若散热不好还会被烧毁
电热的计算		$Q = Pt$ 或 $Q = UIt = I^2 Rt = \dfrac{U^2}{R} t$

特别提示:

电热器的铭牌上都标有"额定电压"和"额定功率",但是应用焦耳定律计算电热器所产生的热量时,不能用额定电压或额定功率,而应该用电路中电热器的实际电压或实际功率来计算

考霸笔记

焦耳(James Prescott Joule,1818—1889),英国物理学家,一生致力于实验研究。他用近 40 年的时间做了 400 多次实验,研究热和功的关系,根据所测电流通过电阻放出的热量,提出焦耳定律。焦耳的研究为能量守恒定律的建立奠定了基础。

利用电热的设备的共同点：它们都是用电器，都是用电来加热的设备，有发热体；它们的原理都是利用电流的热效应；它们都是把电能转化为热能。

4.电热的利用和防止

（1）利用：电流的热效应有非常普遍的应用，电热器就是利用电热的常见设备，如电热毯、电熨斗、电饭锅、电热水器等。电热器的主要优点是清洁、无污染、热效率高，且便于控制和调节电流热效应。

（2）防止：散热是防止电热造成的原材料老化、设备不能正常工作等问题最常用的形式，如电视机的散热窗、电脑里的散热风扇等。

专题二十七　生活用电

核心考点 1　家庭电路

1.家庭电路的组成及作用

电路图	
进户线	连接户外的供电电路的电线,通常有两根,一根是火线,一根是零线,火线和零线之间的电压是 220 V
电能表	用来测算家庭消耗电能多少的仪表

考霸笔记

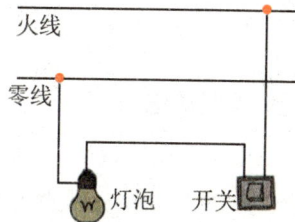

电灯接入电路时,控制开关要接在火线上。螺口灯泡螺旋套要接零线,尾部中心接火线。

续表

总开关	控制家庭总电路的通与断
熔断器	当电路中电流过大时,会自动熔断,起到保护家庭电路的作用
插座与家用电器	家庭中的各种用电器通过插头与插座连接,接入家庭电路中,各用电器并联在电路中,三孔插座连线的规律是"左零右火上接地"
灯泡与开关	控制灯泡的开关与灯泡串联
地线	有的插座是三孔的,其中上面的孔是接地线的,地线接入大地,地线和大地之间的电压为零

2.试电笔与家庭电路中主要元件

	作用	辨别火线与零线
试电笔	组成	金属体笔尖、氖管、高电阻、弹簧、金属体笔尾
	使用	拿试电笔,食指接触金属体笔尾,将金属体笔尖插入插座孔中,如果氖管发光,则是火线;如果氖管不发光,则是零线

考霸笔记

三线插头、三孔插座的作用:万一用电器的外壳和电源火线之间的绝缘损坏,使外壳带电,电流就会流入大地,不致对人造成伤害。连接方法:左零右火上接地。

续表

白炽灯	白炽灯是最普通的电灯,电流通过灯丝时,温度高达 2 000 ℃ 以上,呈白炽状态,发出的光呈白色
	白炽灯有两种类型:卡口灯泡和螺口灯泡
	白炽灯的灯丝:用熔点高的钨制成,钨的熔点为 3 410 ℃
	白炽灯的玻璃泡有两个作用:一是防止灯丝在高温下氧化;二是防止灯丝在高温下升华(在泡内充入氮、氩等气体)
日光灯与节能灯	日光灯又叫荧光灯,是利用气体放电原理制成的。节能灯有无汞高压钠灯、金属卤化物灯、紧凑型荧光灯等 (1)无汞高压钠灯:通过金属蒸气放电发光,它发出的光在人眼敏感的黄灯区,显得格外亮,我国的公路、桥梁已逐步用它作为照明光源 (2)金属卤化物灯:将金属卤化物充入有汞的灯管中,金属卤化物放电时,能放出比高压汞灯更强的光 (3)紧凑型荧光灯:人们发现缩小灯管的直径可使激发的紫外线辐射效率更高,为保持灯管的长度不变,就把细长的灯管做成 U 形、H 形,这种灯就是所谓的紧凑型荧光灯

续表

| 熔断器 | 熔断器又叫保险丝(熔丝),它是由熔点低的铅与含量很少的锑制成的,熔丝有粗有细,它的规格用额定电流来表示。若通过的电流小于或等于额定电流时,熔丝正常通电;若通过的电流超过额定电流而达到熔断电流时,熔丝就会熔断。选用熔丝时,应使它的额定电流等于或略大于家庭电路中的最大工作电流

注意:目前,家庭电路中,普遍使用先进的自动空气开关替代了总开关与熔断器,由于自动空气开关在电路中发生短路、过载(用电器的总功率过大)、欠压(电压过低)等异常情况时会自动切断电路,且分断能力较强,电路故障排除后,推上开关,电路即恢复供电,因此使用更方便 |

核心考点 2 家庭电路中电流过大的原因

1.电流过大的原因

(1)电功率过大:根据公式 $P=UI$,可得到 $I=\dfrac{P}{U}$,而家庭电路中的电压是一定的,即 $U=220\ \text{V}$,所以用电器总功率 P 越大,电路中的电流 I 就越大。

(2)短路:由于导线的电阻很小,由欧姆定律可知,电路发生短路时,电路中的电流将会很大。

2.保险丝(熔断器)

(1)材料:用电阻比较大、熔点比较低的铅锑合金制成。

(2)作用:当电流过大时,由于温度升高而熔断,切断电路,起到保护作用。

(3)使用方法:串联在电路中。

(4)选择原则:保险丝的额定电流要等于或稍大于电路中最大的正常工作电流。禁止用铜丝、铁丝等导线代替保险丝。

核心考点 3　安全用电

1.家庭电路中的触电事故图解

触电指的是一定强度的电流流过人体所造成的伤害事故。因此,判断是否触电的依据就是是否有较大电流通过人体。

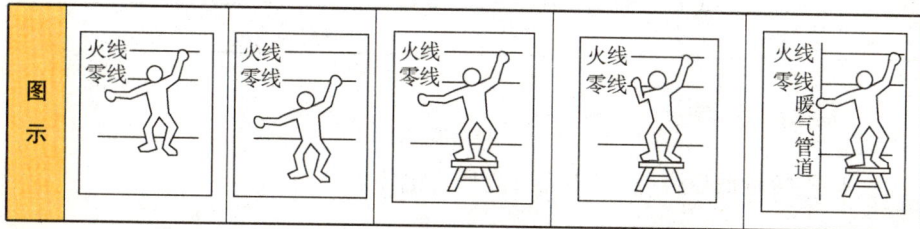

图示	火线 零线	火线 零线	火线 零线	火线 零线	火线 零线 暖气管道

考霸笔记

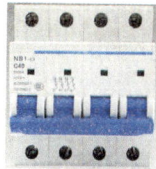

新建楼房的供电线路已经不再使用保险丝,而用起保险作用的空气开关代替。

续表

图解	人的手接触火线,而脚接触大地,火线与大地间有220 V的电压,火线通过人体与大地构成通路,因此人体有电流通过,触电	人接触的是零线,零线和大地间没有电压,故人体内不会有电流通过,所以人不会触电	人的手接触火线,火线和地面间有220 V的电压,但由于人踩在凳子上,火线不能通过人体与大地构成通路,人体没有电流通过,故没有发生触电	脚没有和大地直接接触,但人的一只手触摸到了火线,另一只手触摸到了零线。火线和零线间的电压也是220 V,故火线通过人的两个胳膊和零线组成了通路,人体中有电流通过,所以触电了	脚没有和大地直接接触,人的一只手接触了火线,另一只手没接触零线,但通过暖气管道与大地相连,故火线通过人的胳膊、暖气管道与大地组成通路,人体中有电流通过,所以触电了
	单线触电	不触电	不触电	双线触电	单线触电

2.安全用电原则

(1)不接触低压带电体,不靠近高压带电体。

触电急救:立即断开电源。必要时应该对触电者进行急救,同时尽快通知医务人员抢救。

（2）更换灯泡、搬动电器前应断开电源开关。

（3）不弄湿用电器，不损坏绝缘层。

（4）保险装置、插座、导线、家用电器等达到使用寿命应及时更换。

3.注意防雷

（1）雷电是大气中一种剧烈的放电现象。

（2）高大建筑的顶端都有针状的金属物,通过很粗的金属线与大地相连,可以防雷,叫做避雷针。

考霸笔记

节约用电

在保证用电安全的前提下,我们要节约用电,做到随手关灯、及时关闭电源等。

专题二十八 电与磁(一)

任何一个磁体都有两个磁极,即使从中间击碎,分开之后的两个磁体也都有各自的两极。

磁体具有指南北的性质,常用来制作指南针。

核心考点 1 磁体与磁极

磁性	物理学中,把物体能吸引铁、钴、镍等物质的性质,叫做磁性
磁体	具有磁性的物体,叫做磁体。从磁体的来源分,磁体有天然磁体和人造磁体两类。从磁体的形状分,磁体包括条形、针形和蹄形(U 形)磁体等
磁极	磁体上磁性最强的部分叫做磁极,每个磁体上有两个磁极
磁体的指向性	将磁体做成针形,从中部悬挂,磁针静止时,针的两端分别指向南、北,且两端的磁性最强,人们称其为南极和北极,用符号"S"和"N"表示
磁极间作用	同名磁极相互排斥,异名磁极相互吸引
磁化	非磁性物质(铁、钴、镍等)在磁体或电流的作用下会获得磁性,这种现象叫做磁化

续表

去磁	磁体在高温下或发生强烈撞击后,使磁性减弱或消失的过程叫去磁
应用	指南针、磁卡、磁盘、磁带、耳机、磁封条、磁性黑板、磁电式仪表、扬声器、磁浮列车等

核心考点 2　磁场与磁感线

1.磁场与磁感线

磁场	在磁体的周围空间,存在着一种能传递磁极间相互作用的物质,这种物质看不见、摸不到,人们把这种特殊的物质叫做磁场
磁感线	为了形象而又方便地描述磁场,人们仿照小磁针在磁场中的排列情况,画出一条条有箭头的曲线,这些曲线叫做磁感线。磁体外部的磁感线总是从磁体的N极流出,最后流入S极
磁场的基本性质	磁场的基本性质是对放入其中的磁体产生磁力的作用,而力是有方向的、有大小的,所以磁场也是有强弱、有方向的。磁化、磁极间的相互作用等均是通过磁场来实现的

考霸笔记

地磁场

地球本身就是一个巨大的磁体。地球周围存在的磁场叫地磁场。地磁场的北极在地理南极附近,地磁场的南极在地理北极附近。磁针受到地磁场的作用一端指南另一端指北。地理的两极和地磁场的两极并不重合,磁针所指的南北方向与地理的南北方向略有偏离。世界上最早记述这一现象的人是我国宋代学者沈括。

续表

磁场的方向	小磁针放入磁场中,最后静止时,小磁针 N 极的指向,就是小磁针所在位置的磁场方向,也是磁感线在该点的切线方向,由此可见,磁场中各点的磁场方向往往不同
磁场的强弱	磁场的强弱表示磁体在磁场中受力的大小

考霸笔记

磁场是一种看不见、摸不着的物质,人们为了形象地描述磁场,引入了磁感线,其实际并不存在。

2.对磁感线的理解

是否存在	磁感线是人们为了直观、形象地描述磁场的方向和分布情况而引入的带箭头的曲线,它并不是客观存在于磁场中的真实曲线
方向性	曲线上任一点的方向(即该点的切线方向)就是该点的磁场方向
形状	磁感线是一些闭合的曲线。即磁体周围的磁感线都是从磁体的 N 极出来,回到磁体的 S 极;在磁体的内部,都是从磁体的 S 极指向 N 极
分布	磁体周围磁感线的分布是立体的,而不是平面的,空中任何两条磁感线绝不会相交,因为磁场中任一点的磁场只有一个确定的方向
疏密	磁感线分布的疏密可以表示磁场的强弱。磁感线越密的地方,其磁场越强;磁感线越疏的地方,其磁场越弱

3.几种常见磁场的磁感线

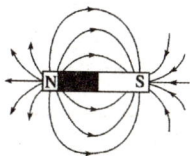

条形磁体

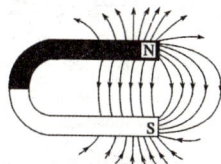

蹄形磁体

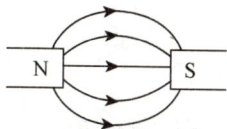

异名磁极

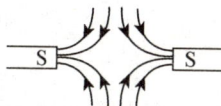

同名磁极

专题二十九　电与磁(二)

考霸笔记

丹麦物理学家奥斯特(Hans Christian Oersted, 1777—1851) 长时间用实验寻找电现象和磁现象之间的关系。1820 年,奥斯特在课堂上做实验

核心考点 1　电生磁

1.电流的磁效应

通电导线周围存在与电流方向有关的磁场,这种现象叫做电流的磁效应。

2.奥斯特实验

装置	现象	分析
	导线中通过电流时,小磁针发生偏转	小磁针发生偏转,说明小磁针受到磁场的作用(因为只有磁场才对小磁针有作用),即电流周围存在着磁场

续表

装置	现象	分析
	切断电流时,小磁针不发生偏转	小磁针不发生偏转,说明小磁针没有受到磁场的作用,没有电流也就是没有磁场
	对调接在导线上电池的两极,电路中的电流反向时,小磁针发生反向偏转	电流方向改变时,小磁针转向改变,说明磁场方向也改变

时终于发现:当导线中通过电流时,它下方的磁针发生了偏转。之后他又做了多次实验,终于证实了电流的周围存在着磁场,在世界上第一个发现了电与磁之间的联系。

3.通电螺线管

(1)通电螺线管的磁场和条形磁铁的磁场一样,通电螺线管的两端相当于条形磁铁的两极。

(2)通电螺线管的极性:通电螺线管两端的极性由环绕电流方向决定,它们的关系可用安培定则来判断。

（3）安培定则：用右手握住螺线管，让四指指向螺线管中电流的方向，则拇指所指的那端就是螺线管的N极。

考霸笔记

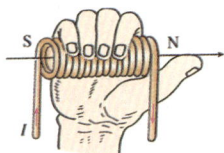

安培定则

4.条形磁体与通电螺线管的异同

比较项目	条形磁体	通电螺线管
不同点	是永久磁体，磁性长期保持	通电时有磁性，断电时失去磁性
	N极、S极是固定的	N极、S极与电流的方向有关，可用安培定则来判断
	磁性强弱是不变的	磁性强弱与线圈匝数和通电电流大小有关
相同点	（1）它们都有吸引磁性物质的性质 （2）条形磁体磁极位置和通电螺线管相同 （3）把条形磁体和通电螺线管挂起来都有指示南北的性质 （4）条形磁体和通电螺线管都有两极	

核心考点 **2**　电磁铁与电动机

1.电磁铁及其应用

电磁铁	插入铁芯的通电螺线管
	特点:磁场方向可以由电流的方向控制,磁性的有无可由通断电流来控制,磁性的强弱由电流的大小和线圈的匝数来控制
电磁铁的应用	
	A—电磁铁　*B*—衔铁　*C*—弹簧　*D*—动触点　*E*—静触点
	工作原理:电磁铁通电时,把衔铁吸下来,使 *D* 与 *E* 接触,工作电路闭合,电磁铁断电时失去磁性,弹簧把衔铁拉起来,切断工作电路。电磁继电器就是利用电磁铁控制工作电路通断的开关
	应用:水位自动报警器、温度自动报警器、远距离遥控器、电磁起重机、电铃、变压器、电感元件、显像管等

考霸笔记

　　通过电磁铁线圈的电流越大,线圈匝数越多,电磁铁的磁性就越强。

2.电动机

(1)磁场对通电导线的作用:通电导线在磁场中会受到力的作用。力的方向跟电流方向和磁场方向有关。

(2)电动机:

1)原理:通电线圈在磁场中受力旋转。

2)组成:定子(固定不动的部分)和转子(转动的部分)。电动机工作时,转子在定子中飞快地转动。

3)能的转化:电能转化为机械能。

4)直流电动机转向器的作用:每当线圈刚转过平衡位置时,转向器能自动改变线圈中电流方向。

核心考点 3 磁生电

1.电磁感应现象

发现者	英国物理学家法拉第

续表

内容	闭合电路的一部分导体在磁场中做切割磁感线运动时,导体中就会产生电流,这种现象称为电磁感应,产生的电流叫做感应电流
感应电流的大小	(1)与切割磁感线的速度有关,切割磁感线的速度越快,感应电流越大 (2)与磁场强弱有关,磁场越强,感应电流越大 (3)与切割磁感线的角度有关,垂直切割时感应电流最大
感应电流的方向	(1)与切割磁感线的方向有关 (2)与磁场方向有关 说明:当影响感应电流方向的因素只改变一个时,感应电流的方向改变,若影响感应电流方向的两个因素均改变,则感应电流的方向不变
应用	发电机、动圈式话筒、变压器等

2.发电机

种类	交流发电机	直流发电机
构造	线圈、一对磁极、两个滑环、一对电刷	线圈、一对磁极、换向器、一对电刷
原理	电磁感应	
能量转化	机械能转化为电能	

考霸笔记

法拉第(Michael Faraday, 1792—1867),英国物理学家,化学家。1821—1831年间,法拉第进行了多次实验,发现了电磁感应现象。

续表

考霸笔记

之前我们学习的电路用电池供电,电路中电流从电池的正极流向负极,方向不改变,叫做直流。大小和方向做周期性改变的电流叫做交流。

发电机可以依靠水力、风力甚至是人力发电,都是将机械能转化为电能。

特别提示:

(1)在大型发电机中,转子实际上是产生磁场的电磁体,而产生感应电流的线圈却是不动的(定子),这种结构便于产生高电压和强电流,其交流电压通常在几千伏至几十万伏

(2)交流发电机发出的是交流电

(3)大小和方向随时间做周期性变化的电流,叫做交流电

(4)交流电的周期:在交流电路中,电流经历 1 个周期性变化所用的时间,用符号 T 表示,单位为秒(s)

(5)交流电的频率:每秒电流发生周期性变化的次数,用符号 f 表示,单位为赫兹,简称赫,符号为 Hz

(6)我国所用的交流电周期为 0.02s,频率为 50Hz

专题三十　信息的传递

核心考点 1　现代顺风耳——电话

结构	话筒和听筒是电话的两个基本组成部分,话筒的实质相当于一个变阻器,而听筒的实质相当于一个电磁铁
原理	说话引起话筒内膜片忽松忽紧地压迫碳粒盒里的碳粒→电路中电阻忽大忽小→电路中电流忽小忽大→听筒内电磁铁的磁性忽弱忽强→膜片受到的磁力忽小忽大→引起膜片的振动发声
交换机	为了提高线路的利用率,人们发明了电话交换机
模拟通信	在话筒将声音转换成信号电流时,这种信号电流的频率、振幅变化的情况跟声音的频率、振幅变化的情况完全一样,"模仿"着声信号的"一举一动",这种电流传递的信号叫做模拟信号,使用模拟信号的通信方式叫做模拟通信
数字通信	用不同符号组合表示的信号,叫做数字信号,这种通信的方式叫做数字通信。通常的数字信号只包含两种不同的状态,形式简单,抗干扰能力特别强

考霸笔记

1876 年贝尔发明了电话,图片为 1892 年贝尔在纽约至芝加哥的电话线路开通仪式上。

核心考点 2　电磁波

考霸笔记

只有变化的电流才能在周围的空间产生电磁波,恒定电流则不能产生电磁波。

电磁波可以在固体、液体、气体和真空中传播。

产生	当电路中有大小或方向迅速变化的电流时,在它周围的空间就会产生电磁波
波速	电磁波的传播速度跟光速一样,在真空中约为 $3×10^8$ m/s
频率	电磁波每秒振荡的次数叫做它的频率,频率的主要单位是赫兹(Hz),还有千赫(kHz)和兆赫(MHz),其换算关系为 1 MHz = 10^3 kHz,1 kHz = 10^3 Hz
波长	电磁波每振荡一次向前传播的距离叫做它的波长
关系	波速、波长与频率的关系: $c=f\lambda$ 在真空中电磁波的波速一定,所以电磁波的频率和波长成反比关系。波长越长,频率越低;反之,波长越短,频率越高
用途	(1)在医学上用 γ 射线做脑部手术,用 X 射线透视判断身体某部分是否出现问题 (2)在通信领域利用微波及无线电波传输信息 (3)在生活中电视机、收音机等设备接收的是电磁波信息,用手机相互联系也是利用电磁波来传播信息的 (4)飞机和舰船上雷达、通信等都离不开电磁波

核心考点 **3**　广播、电视、移动及其他通信

无线电广播信号的发射和接收	(1)无线电广播信号的发射过程:话筒把声信号转换成电信号,然后用调制器把音频信号加载到高频电流上,再通过天线产生电磁波发射到空中 (2)无线电广播信号的接收过程:接收天线接收各种频率的电磁波,选台(调谐器)选出我们需要的某一频率的信号,该信号含有高频电流成分,经解调(检波器)检取出音频信号,又经音频放大器放大,由扬声器转换成声音
电视信号的发射和接收	(1)电视信号的发射过程:摄像机把图像变成电信号,话筒把声信号变成电信号并经音频放大器放大,这两种信号电流进入发射机加载在高频振荡电流上,然后进入发射天线,发射出载有视信号和声信号的高频电磁波 (2)电视信号的接收过程:电视机的接收天线接收电磁波,电视机把载有视信号和声信号的高频电磁波变成电流,并检取出视频信号和音频信号,视频信号由显示器还原成图像,音频信号经音频放大器放大,由扬声器转换成声音

考霸笔记

我国建立的北斗卫星定位系统,可以提供全天候的即时定位服务。

移动电话	(1)移动电话不需要电话线,声音信息不是由导线中的电流来传递,而是由空间的电磁波来传递 (2)移动电话既是无线电发射台又是无线电接收台 (3)移动电话与移动电话通话要靠基地台转接 (4)基地台跟电话交换机相连
微波通信	微波大致沿直线传播,不能绕过障碍物沿地球表面传播,必须设立中继站进行通信
卫星通信	通信卫星是微波通信的中继站,用三颗卫星可以实现全球通信
光纤通信	激光远距离通信是在光导纤维里传播,叫做光纤通信
网络通信	利用因特网实现资源共享和信息传递

专题三十一 能源和可持续发展

核心考点 1 能源

分类方法	类别	定义	常见能源
按能源能否从自然界直接获取划分	一次能源	可以从自然界直接获取的能源	风能、石油、天然气、煤、太阳能、潮汐能、核能等
	二次能源	无法直接从自然界获取的能源	电能等
按能源是否可以再生划分	可再生能源	可以从自然界中源源不断地得到的能源	太阳能、风能、地热能、生物质能等
	不可再生能源	不可能短时间内从自然界得到补充的能源	煤、石油、天然气等化石能源

考霸笔记

三次能源革命

第一次能源革命的标志——钻木取火,主要能源是柴薪。

第二次能源革命的标志——蒸汽机的发明,主要能源是化石能源。

第三次能源革命的标志——核反应堆,主要能源是核能。

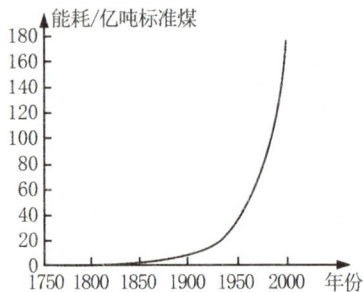

两个多世纪以来，人类能源消耗急剧增长。

续表

分类方法	类别	定义	常见能源
按能源开发的年代划分	常规能源	利用技术上成熟、已被人们广泛利用的能源	煤、石油、天然气、水能、植物燃料等
	新能源	尚未被广泛利用而正在研究推广应用的能源	太阳能、风能、地热能、核能、潮汐能、海水温差能等
按能源的来源划分		来自其他天体的能量，主要是太阳辐射的能量	太阳能、煤、石油、天然气及生物质能
		来自地球本身蕴藏的能量	地热能、核能
		地球与其他天体的相互作用而产生的能量	潮汐能

核心考点 2   核能

1.核能及其获取

概念	原子核在裂变或聚变过程中释放出的能量,叫做核能,通常又叫原子能
单位	核能也是一种能量,其单位是焦耳,符号 J

续表

获取	(1)裂变和聚变：①质量大的原子核分裂为两个或两个以上中等质量的原子核叫做裂变；②将质量小的原子核聚合为一个质量稍大的原子核叫做聚变 **注意**：原子核裂变和聚变都能释放出能量，其中聚变释放出的能量更多 (2)获得核能的途径：一是重核"分裂"；二是轻核"聚合"
链式反应	用中子轰击铀235原子核,铀核分裂时释放出核能,同时还会产生几个新的中子,这些中子又会轰击其他铀核……于是就导致一系列铀核持续裂变,并释放出大量核能,这就是链式反应,如果对裂变的链式反应不加控制,在极短的时间内就会释放出巨大的核能,同时发生猛烈爆炸,原子弹就是根据这个原理制成的。如果控制链式反应的速度,使核能缓慢地、平稳地释放出来,就便于利用了。能够缓慢、平稳地释放核能的装置,叫做核反应堆

2.核电站及其特点

定义	利用核能发电的电站叫做核电站
核心	是核反应堆,核反应堆一般由铀棒(核材料)、减速剂、控制棒、冷却剂、热交换器和屏蔽物(水泥)等组成
原理	已建成的核电站都是利用重核裂变的能量发电的。核电站的核心是反应堆,它以铀为核燃料,反应堆中放出的核能转化为高温蒸汽的内能,通过汽轮发电机转化为电能。其能量转化情况:核能→内能→机械能→电能

考霸笔记

核能的优点:核能十分巨大,能极大地补充人类能源的不足,使用核能大大地节约了常规能源,能够解决能源分布不平衡的问题。

核能的缺点:不可再生,具有核辐射,使用不当会对生物造成伤害。

续表

特点	(1)消耗的燃料少、废渣也少、无污染
	(2)核电的发电成本较稳定
	(3)特别适合缺少煤、石油和水力资源的地方
	(4)需防止放射性物质的泄漏,避免放射性污染,确保安全

3.裂变与聚变的比较

比较项目	裂变	聚变
定义	较大原子核分裂为较小原子核的过程	质量很小的原子核结合成较大原子核的过程
条件	用中子轰击较大原子核	超高温
释放核能大小	巨大	更加巨大
是否可控制	可利用核反应堆控制链式反应速度	目前,核聚变还不能加以控制
应用	原子弹、核电站	氢弹、太阳内部发生的反应

核心考点 3　太阳能

概念	太阳是个巨大的能源宝库,它不断向外辐射能量,其中辐射到地面的太阳能总功率就达 $1.7×10^{14}$ kW,由于直接利用太阳能不会污染环境,因此,它是很有开发价值的能源
单位	太阳能也是一种能量,其单位是焦耳,简称焦,符号 J
利用	(1)利用太阳能的 4 个渠道: 1)通过植物光合作用把太阳能转化和储存起来,再以草木、沼气、石油、天然气等燃料的形式释放出来 2)通过大气和水分的升腾循环,再通过风、流水、波浪、海流等释放出来 3)被海洋吸收,成为海洋内能 4)被人们直接利用,如太阳灶等 (2)直接利用太阳能的 3 种方式: 1)将太阳能直接转化为内能,如太阳灶、太阳能热水器 2)将太阳能直接转换成电能,目前主要是通过太阳能电池实现这种转换,常用的太阳能电池是硅电池

考霸笔记

太阳能

太阳能的优点:供能时间长、分布广,方便获取,安全、清洁、不污染环境。

太阳能的缺点:太阳能能量巨大但单位面积上获得的能量较小,能量分布不均。

续表

| 利用 | 3) 将太阳能直接转化成化学能,绿色植物的光合作用属于这种方式,人工方法是利用光化学电池来实现这种转换。例如,光照射半导体和电解液界面发生化学反应,在电解液内形成电流,并使水电解直接产生氢,燃烧氢即可将化学能释放出来 |

考霸笔记

未来的理想能源

必须足够丰富,可以保证长期使用;必须足够便宜,可以保证多数人用得起;相关的技术必须成熟,可以保证大规模使用;必须足够安全、清洁,可以保证不会严重影响环境。

核心考点 4 提高能源利用率的办法

方法1	让燃料充分燃烧,例如:大块的煤不易烧透,大型锅炉烧煤时,要将煤块碾成煤粉后再烧,并且用鼓风机向炉膛里吹风,以利于充分燃烧;柴油机向汽缸里喷雾状柴油也是这个道理
方法2	采用保温隔热措施,减少热量的散失,例如,炉体和输送蒸汽的管道等要用隔热材料(如古棉)将它们包裹起来
方法3	充分利用余热和减少有害摩擦,例如:燃料燃烧排出的废气,温度很高,可用于烧水、取暖;车、船行驶受到地面、水面的阻力消耗能量,而磁浮列车和气垫船,可以让车船不接触地面和水面行驶
方法4	减少能量转化的中间环节,例如,火力发电厂是利用燃料燃烧先获得的内能,再转化为机械能,最后才转化为电能,每次转换都必然有一些能量损失,现在人们正在研究将内能直接转换为电能的装置

专题三十二 基本公式及单位

核心考点 1 初中力学公式

速度	$v = \dfrac{s}{t}$	浮力	$F_浮 = G_排 = \rho_液 g V_排$
重力	$G = mg$	功	$W = Fs$
密度	$\rho = \dfrac{m}{V}$	功率	$P = \dfrac{W}{t} = Fv$
压强	$p = \dfrac{F}{S}$	杠杆平衡条件	$F_1 l_1 = F_2 l_2$
液体内部压强	$p = \rho g h$	机械效率	$\eta = \dfrac{W_有}{W_总} \times 100\%$

续表

物体的浮沉条件	$F_浮 > G_物$ 上浮 $F_浮 < G_物$ 下沉 $F_浮 = G_物$ 悬浮或漂浮	滑轮组	$F = \dfrac{1}{n}G;\ s = nh$

核心考点 2 初中电学公式

公式名称	电路连接方式	
	串联	并联
电流	$I = I_1 = I_2 = \cdots = I_n$	$I = I_1 + I_2 + \cdots + I_n$
电压	$U = U_1 + U_2 + \cdots + U_n$	$U = U_1 = U_2 = \cdots = U_n$
电阻	$R = R_1 + R_2 + \cdots + R_n$	$\dfrac{1}{R} = \dfrac{1}{R_1} + \dfrac{1}{R_2} + \cdots + \dfrac{1}{R_n}$
电功	$W = W_1 + W_2$	$W = W_1 + W_2$
	$\dfrac{W_1}{W_2} = \dfrac{R_1}{R_2}$	$\dfrac{W_1}{W_2} = \dfrac{R_2}{R_1}$
电功率	$\dfrac{P_1}{P_2} = \dfrac{R_1}{R_2}$	$\dfrac{P_1}{P_2} = \dfrac{R_2}{R_1}$

续表

公式名称	电路连接方式	
	串联	并联
焦耳定律	$Q = I^2 Rt$	
欧姆定律	$I = \dfrac{U}{R}$	

公式名称	定义式	推导公式
电功	$W = UIt$	$W = \dfrac{U^2}{R}t = I^2 Rt$
电功率	$P = \dfrac{W}{t} = UI$	$P = \dfrac{U^2}{R} = I^2 R$

核心考点 3 初中热学公式

比热容	$c = \dfrac{Q_{吸}}{m(t-t_0)}$	燃料燃烧	$Q = qm$ $Q = qV$
吸热	$Q_{吸} = cm(t-t_0)$	放热	$Q_{放} = cm(t_0-t)$
热效率	$\eta = \dfrac{Q_{有效}}{Q_{燃料}}$	热平衡方程	$Q_{吸} = Q_{放}$

核心考点 4 主要物理量及常用单位

物理量		单位		
名称	符号	名称	符号	换算关系
长度	L	米	m	1 km = 1 000 m 1 m = 10 dm = 100 cm = 1 000 mm
面积	S	平方米	m^2	1 m^2 = 10^4 cm^2 = 10^6 mm^2
体积	V	立方米	m^3	1 m^3 = 10^6 cm^3 = 10^9 mm^3

物理量		单位		
名称	符号	名称	符号	换算关系
时间	t	秒	s	1 h＝60 min 1 min＝60 s
速度	v	米每秒 千米每小时	m/s km/h	1 m/s＝3.6 km/h
质量	m	千克	kg	1 t＝10^3 kg 1 kg＝10^3 g
密度	ρ	千克每立方米	kg/m^3	1 g/cm^3＝10^3 kg/m^3
力	F	牛	N	—
压强	p	帕	Pa	1 Pa＝1 N/m^2
功	W	焦	J	1 J＝1 N·m
功率	P	瓦	W	1 W＝1 J/s 1 kW＝10^3 W
电荷	Q	库	C	—
电流	I	安	A	1 A＝10^3 mA

续表

物理量		单位		
名称	符号	名称	符号	换算关系
电压	U	伏	V	$1\ \text{V} = 10^3\ \text{mV}$
电阻	R	欧	Ω	$1\ \text{M}\Omega = 10^3\ \text{k}\Omega$ $1\ \text{k}\Omega = 10^3\ \Omega$
电功	W	焦 （千瓦时）	J kW·h	$1\ \text{kW·h} = 3.6 \times 10^6\ \text{J}$
电功率	P	瓦	W	$1\ \text{kW} = 10^3\ \text{W}$
频率	f	赫	Hz	$1\ \text{kHz} = 10^3\ \text{Hz}$ $1\ \text{MHz} = 10^6\ \text{Hz}$
摄氏温度	t	摄氏度	℃	—
热力学温度	T	开	K	—
热量	Q	焦	J	—
热值	q	焦每千克	J/kg	—
比热容	c	焦每千克摄氏度	J/(kg·℃)	—

核心考点 **5** 物理常数

序号	物理常数
1	成人的质量:45~75 kg,通常中学生质量取 50 kg
2	地球表面重力与质量之比:$g = 9.8$ N/kg
3	空气中声音的速度(15 ℃):340 m/s
4	真空中光的速度:3×10^8 m/s
5	水的密度:1.0×10^3 kg/m³
6	水的比热容:4.2×10^3 J/(kg·℃)
7	电子的质量:9.11×10^{-31} kg
8	原子的直径:10^{-10} m
9	一个标准大气压相当于 76 cm 高水银柱产生的压强,相当于水柱的高度是 10.336 m
10	一个标准大气压的值是 1.013×10^5 Pa
11	一个标准大气压下水的凝固点是 0 ℃,沸点为 100 ℃
12	一节干电池的电压是 1.5 V、一节蓄电池的电压是 2 V
13	人体的安全电压是不高于 36 V

续表

序号	物理常数
14	照明电路的电压是 220 V
15	电磁波在真空中的传播速度约为 3×10^8 m/s

核心考点 6　国际单位制的基本单位

量的名称	长度	质量	时间	电流	热力学温度	物质的量	发光强度
单位名称	米	千克	秒	安培	开尔文	摩尔	坎德拉
单位符号	m	kg	s	A	K	mol	cd

专题三十三　我国法定计量单位基本常识

核心考点 1　我国法定计量单位意义

概念	法定计量单位是国家以法令的形式和规定使用的计量单位。国务院于 1984 年 2 月 27 日发布了《关于在我国统一实行法定计量单位的命令》,进一步统一了我国的计量制度,它涉及国民经济的各行各业和人民生活的广大领域,特别在检测工作中,对于每一个量的检测结果都离不开计量单位
运用	(1)我国的法定计量单位是以国际单位制(SI)的单位为基础的,但也有国家选定的非国际单位制的单位 (2)量、单位和符号必须使用国家标准 GB3100—93 的规定,这是一个强制性标准。关于溶液浓度的表示,使用 GB/T20001.4—2001 的规定

核心考点 2 我国法定计量单位的组成

1.国际单位制(SI)

(1)国际单位制的基本单位:

量的名称	单位名称	单位符号
长度	米	m
质量	千克(公斤)	kg
时间	秒	s
电流	安[培]	A
热力学温度	开[尔文]	K
物质的量	摩[尔]	mol
发光强度	坎[德拉]	cd

特别提示:

(1)圆括号中的名称,是它前面的名称的同义词。下同

(2)无方括号的量的名称与单位名称均为全称。方括号中的字,在不致引起混淆、误解的情况下,可以省略。去掉方括号中的字即为其名称的简称。下同

（2）国际单位制的辅助单位：

量的名称	单位名称	单位符号
［平面］角	弧度	rad
立体角	球面度	sr

（3）国际单位制中具有专门名称的导出单位：

量的名称	单位名称	单位符号	用 SI 基本单位和 SI 导出单位表示
频率	赫［兹］	Hz	$1\ Hz = 1\ s^{-1}$
力	牛［顿］	N	$1\ N = 1\ kg \cdot m/s^2$
压强	帕［斯卡］	Pa	$1\ Pa = 1\ N/m^2$
能［量］,功,热	焦［耳］	J	$1\ J = 1\ N \cdot m$
功率,辐［射能］通量	瓦［特］	W	$1\ W = 1\ J/s$
电荷［量］	库［仑］	C	$1\ C = 1\ A \cdot s$
电位,电压,电动势	伏［特］	V	$1\ V = 1\ W/A$
电容	法［拉］	F	$1\ F = 1\ C/V$

续表

量的名称	单位名称	单位符号	用 SI 基本单位和 SI 导出单位表示
电阻	欧[姆]	Ω	$1\ \Omega = 1\ V/A$
电导	西[门子]	S	$1\ S = \Omega^{-1}$
磁通[量]	韦[伯]	Wb	$1\ Wb = 1\ V \cdot s$
磁通[量]密度,磁感应强度	特[斯拉]	T	$1\ T = 1\ Wb/m^2$
电感	亨[利]	H	$1\ H = 1\ Wb/A$
摄氏温度	摄氏度	℃	$1\ ℃ = 1\ K$
光通量	流[明]	lm	$1\ lm = 1\ cd \cdot sr$
[光]照度	勒[克斯]	lx	$1\ lx = 1\ lm/m^2$
[放射性]活度	贝可[勒尔]	Bq	$1\ Bq = 1\ s^{-1}$
吸收剂量	戈[瑞]	Gy	$1\ Gy = 1\ J/kg$
剂量当量	希[沃特]	Sv	$1\ Sv = 1\ J/kg$

2.我国选定的非国际单位制单位

量的名称	单位名称	单位符号	与 SI 单位的关系
时间	分	min	$1 \ min = 60 \ s$
	[小]时	h	$1 \ h = 60 \ min = 3\ 600 \ s$
	日,(天)	d	$1 \ d = 24 \ h = 86\ 400 \ s$
[平面]角	[角]秒	″	$1'' = (1/60)' = (\pi/648\ 000) \ rad$
	[角]分	′	$1' = (1/60)° = (\pi/10\ 800) \ rad$
	度	°	$1° = (\pi/180) \ rad$
旋转速度	转每分	r/min	$1 \ r/min = (1/60) \ s^{-1}$
长度	海里	n mile	$1 \ n \ mile = 1\ 852 \ m$ （只用于航行）
速度	节	kn	$1 \ kn = 1 \ n \ mile/h = (1\ 852/3\ 600) \ m/s$ （只用于航行）
质量	吨	t	$1 \ t = 10^3 \ kg$
	原子质量单位	u	$1 \ u \approx 1.660\ 540 \times 10^{-27} \ kg$
体积	升	L,(l)	$1 \ L = 1 \ dm^3 = 10^{-3} \ m^3$

续表

量的名称	单位名称	单位符号	与 SI 单位的关系
能	电子伏	eV	$1\ eV \approx 1.602\ 177 \times 10^{-19}\ J$
级差	分贝	dB	
线密度	特[克斯]	tex	$1\ tex = 10^{-6}\ kg/m$
面积	公顷	hm^2	$1\ hm^2 = 10^4\ m^2$

特别提示：

(1)平面角单位度、分、秒的符号,在组合单位中应采用(°)、(′)、(″)的形式。例如,不用°/s 而用(°)/s

(2)升的符号中,小写字母 l 为备用符号

(3)公顷的国际通用符号为 ha